Josef-Otto Freudenreich

Abstürze

Josef-Otto Freudenreich

Abstürze

Reportagen vom Scheitern und Aufstehen in einem Musterland

Klöpfer & Meyer

Für Jule

Einleitung

Das Staunen nicht verlieren wollen. Vielleicht ist es das, was einen hinter den Vorhang schauen lässt. Vorne auf der Bühne spreizen sich die Menschen, zeigen, wie sie gerne wären und wahrgenommen werden wollen. Ich bin der Größte. Das macht den Betrachter, wenn er Muster und Masken durchschaut, müde. Staunen lässt ihn, wenn das Zwiebelwesen Mensch seine Schalen ablegt und offenbart, was in ihm steckt. Es kann Gutes sein, was man nicht vermutet hätte, es kann Schlechtes sein, das erst unter vielen Schichten sichtbar wird. Was immer es ist: es überrascht stets aufs Neue, je näher man dem Kern kommt.

Diese Annäherung braucht Zeit und Geduld. Sie verträgt kein kurzatmiges Hüpfen durch den Themengarten der Aktualität, sie folgt einem Weg, an dessen Ende erkennbar sein muss, warum er gegangen worden ist. Die Menschen, die ich begleitet habe, die meisten über Monate und Jahre hinweg, haben die Aufmerksamkeit verdient. Manche, weil ihnen nur so auf die Schliche zu kommen war, die Mehrzahl aber, weil sie sich als kleine Helden des Alltags entpuppt haben. Immer knapp auf der Kante, den Abgrund im Blick. Wie sie ihre ungeraden Lebensläufe und schiefen Lebenslagen gemeistert haben (oder auch nicht), das hat etwas mit den Wundern zu tun, die es auf dieser Erde gibt. Auch in einem Musterland, in dem es heisst, alles sei vom Besten. Die Autoindustrie, das Pro-Kopf-Einkommen sowie Recht und Ordnung.

Ihnen sind die Reportagen gewidmet, die ihren Ursprung in der Stuttgarter Zeitung haben. Sie waren bereit zu erzählen, die meisten jedenfalls, was aus ihnen geworden ist, im Guten wie im Schlechten. Ihnen gebührt der Dank, ebenso wie meinem Zeitungsverlag, der diese lange Reise ermöglicht hat. Selbstverständlich ist das heute nicht.

Stuttgart, im März 2006
Josef-Otto Freudenreich

Die Würde in der comédie humaine

Von Edzard Reuter

Leichtfertiges Spiel mit gegenläufig geladenen Polen ist nicht zu empfehlen. Kommen sie sich zu nahe, fällt das zwischen ihnen bestehende Spannungsfeld zusammen. Gleiches kann geschehen, wenn sie sich allzu weit von einander entfernen. Handelt es sich um Journalisten auf der einen, die Objekte ihrer Arbeit auf der anderen Seite, ist also Vorsicht geboten. Um so williger gestehe ich deswegen, dass mich der Gedanke, den Veröffentlichungen von Josef-Otto Freudenreich einige Anmerkungen voraus schicken zu sollen, anfänglich mit gehörigem Magengrimmen erfüllt hat.
Zumindest nach den Maßstäben unserer schnelllebigen Zeit kennen wir uns schon lange. Wir haben miteinander gesprochen, er hat darüber das eine oder andere zu Papier gebracht, gelegentlich arbeiten wir sogar zusammen. Meine Hochachtung für ihn hat seitdem stetig zugenommen. Schon mit einer solchen Feststellung fangen freilich die Zweifel an: Gefährdet man damit die Unabhängigkeit seiner Arbeit und seines Urteils, könnte sie umgekehrt sogar als billige Anbiederei missverstanden werden? Doch sei dem, wie es sei, Tatsache bleibt ganz einfach, dass ich regelmäßig – und durchaus im Unterschied zu den Erzeugnissen mancher sich besonders bedeutsam wähnender journalistischer Autoren – meine Neugier kaum zu zähmen vermag, wenn sich Josef- Otto Freudenreich wieder einmal zu Wort meldet.
Woran mag das liegen? Intelligent genug sind ja viele, wenn auch sicherlich nicht alle seiner Kollegen. Ist er vielleicht trotz-

dem klüger als die anderen? Mühe beim Sammeln von Fakten geben sich gleichfalls immer noch die meisten, wenn auch mit erkennbar abnehmender Tendenz. Ragt die Sorgfalt, mit der er diese vermutlich vornehmste journalistische Verpflichtung einzulösen pflegt, vielleicht trotzdem erkennbar heraus?
Und schließlich die Unbestechlichkeit seines Urteils: Gewiss begegnen einem hin und wieder einmal Texte, die durch mutige Unbotmäßigkeit gegenüber den Mächtigen dieser Welt, und seien es die eigenen Herausgeber oder Chefredakteure, gekennzeichnet sind. Aber hebt ihn seine Lust an der ironischen Relativierung persönlicher Eitelkeiten und Überheblichkeiten nicht vielleicht trotzdem weit aus allen anderen hervor?
Das Impressum seiner Zeitung benennt Josef-Otto Freudenreich als Chefreporter. Nun habe ich noch nie ganz verstanden, was in diesem Zusammenhang der „Chef" eigentlich bedeuten soll. Ganze Heerscharen von Damen und Herren, die unter seiner Fuchtel herumwuseln, sind ihm ja wohl nicht zugeordnet, und zu jenem allmächtigen Boss, der nach heutzutage gängiger Vorstellung in den nach Quote und Auflage gierigen Medien allein und widerspruchslos über alles und jedes entscheidet, eignet er sich wohl auch nicht so ohne Weiteres. Belassen wir es also ruhig dabei, dass es sich hier ganz simpel um einen Reporter handelt. Damit ist nämlich ein journalistisches Verständnis umschrieben, auf das man inzwischen wieder stolz sein darf: Freudenreich jedenfalls ist es zu Recht.
Jeder Beitrag in diesem Buch ist eine Perle für sich. Dabei fällt bereits auf den ersten Blick ins Auge, wie breit die Gegenstände der Reportagen gefächert sind. Nahezu alle Gebiete, die in ihrer Gesamtheit unsere gesellschaftliche Wirklichkeit ausmachen, sind aus dem einen oder anderen Anlass angesprochen. Es geht um Unternehmen, um Vereine, um Kunst, um Sport, hie und da gar um Politik. Ausnahmslos immer aber geht es um Menschen,

weibliche wie männliche, ihre Ernsthaftigkeit und ihren Mut, ihre Stärke und ihre Schwäche, geht es um feige Überheblichkeit und angepasste Biederkeit, geht es um unbestechliches und deshalb stolzes Vertrauen in die Richtigkeit des eingeschlagenen Weges.

Ich kenne keinen Beruf, der für seine Angehörigen ausnahmslos nur Angenehmes bereit hält. Das gilt zweifellos auch für die journalistische Zunft. Die Versuchung kann da leicht überhand nehmen, alles besser wissen zu wollen als diejenigen, mit denen man sich gerade befasst. Begleitung hat immer etwas Passives an sich, und die Verlockung, die Dinge selbst in die Hand zu nehmen, mag insgeheim manchmal übermächtig werden. Niemand ist vermutlich ganz gegen solche Träume gefeit. Guter Journalismus weiß hingegen, dass es nicht seine Sache sein darf, politische, unternehmerische, kulturelle oder – ganz allgemein – gesellschaftliche Entscheidungen selbst treffen zu wollen. Denn nur solcher Verzicht, mag er im einzelnen Fall noch so schwer fallen, kann letzten Endes die öffentliche Verantwortung begründen, die das Grundgesetz den Medien zuspricht. Kontrolle, Kritik, Information: Ohne angemessene Distanz zu ihren Objekten können sie nicht wirksam bleiben. Wie es nicht geht, ist jeden Tag in der Zeitung oder auf dem Bildschirm zu besichtigen. Wie es sein sollte, kann man hier nachlesen.

Die in diesem Band gesammelten Arbeiten weisen aber auch noch etwas anderes aus: So unerbittlich Josef-Otto Freudenreich die manches Mal nun wahrlich überraschenden Zusammenhänge offen legt, so sehr er in die Motivationsstränge der handelnden Personen eindringt und diese dabei oft genug von ihren vermeintlich hohen Podesten herab holt, so sehr man gelegentlich seine unterschwellige Wut verspürt, wenn es um soziale Ungerechtigkeiten oder charakterliche Abgründe geht, aus jeder Zeile wird doch sein Respekt davor deutlich, dass auch

er nur ein Mensch und deswegen nicht im Besitz der absoluten, der endgültigen Wahrheit ist. Überhebliche Häme, das ist seine Sache nicht, wohl allerdings die stete Bereitschaft, mit lächelnder Miene selbst gebastelte Heiligenscheine zu entlarven.
Genau das aber sind die Ingredienzien, die eine erstklassige Reportage ausmachen: Solide, hartnäckig und unbestechlich erforschte Tatsachen, ausgewogene, nicht auf vordergründige Sensationserfolge begierige Abwägung aller Umstände, klare, unmissverständliche Darstellung und Sprache, und schließlich das, was erst die wahre Meisterschaft ausmacht: die Fähigkeit, schmunzelndes Verständnis für die comédie humaine auch dort durchscheinen zu lassen, wo es um vermeintlich unverzeihliche Versäumnisse und Fehler der Beteiligten geht. Einige Zeit vor seiner Wahl zum Präsidenten der USA hat John F. Kennedy ein Buch veröffentlicht, das er „Studies in Courage“ nannte. Die Reportagen von Josef-Otto Freudenreich behandeln sehr viel weniger pathetische Taten, dafür aber den Weg von Menschen, ob ganz oben oder ganz unten auf der üblichen Werteskala angesiedelt, berichten von ihren Hoffnungen und ihren Enttäuschungen, ihrem Streben und ihrem Scheitern. Ihre Würde vergessen sie dabei nie.

Freudenreich schreibt eben nicht für den Boulevard, nicht für die Quoten und nicht für die Auflage. Ihn interessieren die Menschen, ihre Stärken, ihre Schwächen und das, was sie bewegt, was sie dazu führt, so zu denken und zu handeln, wie sie es tun. Ohne das je – und schon gar nicht mit erhobenem Finger – vor sich her zu tragen, bleibt bei allem, was aus seiner Feder kommt, regelmäßig unübersehbar, dass er sich der gesellschaftlichen Verantwortung bewusst ist, die seinen Beruf adelt. Dabei hat er sich bis heute nie dazu hinreißen lassen, sein schwäbisches Herkommen, ja seine Verwurzelung in dem ihm immer noch so nahen Tübingen zu verleugnen, und dies, obwohl seine Berichte, wie man in diesem Band nachlesen kann, sich längst vor keinem noch so hauptstädtischem Anspruch zu verstecken brauchen. Solches kann nur einem gelingen, der wie er in seinem Beruf ruht – und zu Recht davon überzeugt ist, dass sich einen Ehrentitel verdient hat, wer sich als „Reporter" bezeichnen darf.

Inhalt

Der Dagobert Duck von Deutschland

Alfons Walz war einst Europas größter Versandhändler für Babyartikel. 1988 hat er sein Unternehmen für 100 Millionen Mark verkauft. Heute ist er pleite. Wie schafft man das?

Als kleine Jungs haben wir an der Straße gestanden, mit offenen Mündern, wenn der Herr Walz mit seinem Auto vorgefahren ist. Nicht satt sehen konnten wir uns an seinem elfenbeinfarbenen Chevrolet Impala Cabrio, an seinen weißen Schuhen und den Beinen seiner Damen, die sich in hochgebauschten Röcken aus den roten Sitzen schälten. So etwas war in dem oberschwäbischen Örtchen Waldsee, in dem die katholische Kirche nur zur Fasnet ein Auge zudrückte, eigentlich nicht erlaubt. Alfons Walz war unser Idol. Er scherte sich nicht um den Muff unter den Soutanen, er hatte Geld wie Heu, und mit den Frauen festigte er seinen Ruf als „Playboy", von dem wir damals nur wussten, dass es etwas sehr Aufregendes sein musste.

Heute, 40 Jahre später, sitzt ein armer, einsamer Mann vor uns in seiner Wohnung in Bad Waldsee. Krawatte, Sakko, durchgedrücktes Kreuz. Die Armut ist ihm nicht anzusehen, sie liegt auf dem Tisch. Sie heißt eidesstattliche Versicherung, die vom 26. Juni 2001 datiert, besser bekannt unter dem Namen Offenbarungseid. Darin hat der Gerichtsvollzieher notiert, was dem 83-Jährigen noch geblieben ist. Ein neobarockes Esszimmer, sechs Teppiche, vier Ölgemälde, ein Weinkeller mit 40 Flaschen, eine goldene Uhr, Manschettenknöpfe, ein Ehering. Und dahinter steht immer: „Wert?" Soll heißen: insgesamt zu vernachlässigen. Als verfügbares Einkommen sind 1246,65 Mark im Monat errechnet, den Rest der Rente in Höhe von 2472,35 Mark haben Gläubiger gepfändet. Summen, die lächerlich erscheinen, wenn man bedenkt, dass Walz sein Unternehmen 1988 für nahezu 100 Millionen an Neckermann verkauft hat. Mehr als 60 Millionen hat ihm der Fiskus gelassen, die er auf die Bank hätte tragen können, mit denen er einen Rolls-Royce nach dem andern hätte kaufen können, wie damals jenen von dem Industriellen Flick. Er hat es nicht getan, weil er ein Spieler und ein Träumer ist.

Man muss wohl seine Geschichte kennen, um das zu verstehen. Es ist die Geschichte eines Mannes, den die Wirtschaft wie ein Wunder dünkte, und alles, was er anfasste, wurde zu Geld. Begonnen hat der Sohn des Waldseer Finanzamtsleiters mit der väterlichen Weissagung, er werde es nie zu etwas bringen. Das war falsch. Mit Kartoffeln, die er dem Verleger Franz Burda nach dem Krieg in Güterzügen nach Offenburg schickte, verdiente er sein erstes Geld. Burda brauchte Suppe für die Belegschaft. Dafür gab's Papier, aus dem Walz Schulbücher machte. Es folgten Faschingsartikel, Kakao in Pappbehältern und 1952 dann Babyartikel, Produkte eben, nach denen sich die Deutschen sehnten, weil sie so lange auf sie verzichten mussten. Walz bediente den beginnenden Wohlstand und sorgte dafür, dass die Mütter die Windeln nicht mehr waschen mussten, sondern durch Pampers ersetzen konnten. So wurde „Baby-Walz" zum größten Versandhändler von Kinderartikeln in Europa und der Besitzer zum Multimillionär.

„Ich muss nicht weinen, ich habe meine Zeit sehr genossen", sagt der alte Mann heute und erzählt von damals, als er mit seiner Yacht Don Alfonso auf dem Bodensee und seinem Jaguar E in Monte Carlo und Baden-Baden war. Roulette war sein Lieblingsspiel. Immer 15.000 Mark rein, 15.000 Mark raus, glaubt er sich zu erinnern, was nicht unbedingt so sein muss, weil sein Zahlengedächtnis nachgelassen hat. Was er ganz genau

Der erste Playboy von
Oberschwaben: Alfons Walz.

weiß, ist, dass er stets mit einem „todsicheren System" gespielt hat, das er aus tausenden von Zahlenkombinationen errechnet hatte. Die Beweise dafür, sagt der gelernte Bankkaufmann, lägen immer noch gestapelt im Keller – als Berge von Papier.

Wie immer es war, es war eigentlich egal. Alfons Walz glaubte, niemandem Rechenschaft schuldig zu sein. Seine Frau Charlotte hielt es eher mit den schönen Künsten, trennte sich 1975 nach vierzehnjähriger Ehe von ihm. Seine Tochter Alexandra wurde im Internat in Lenggries oder bei Verwandten geparkt, bis sie Malerin in München wurde. Der monatliche Scheck entband ihn von weiteren Vaterpflichten. Die Geschäfte führte ein umsichtiger Manager, der einmal sein Nachfolger werden sollte. Was also sollte schief gehen? Passiert ist das Unglück am 27. Juni 1983 bei Biberach, als sein Geschäftsführer in einer Privatmaschine mit einer französischen Mirage zusammenstieß. Der Manager Gerhard Weber war auf der Stelle tot, und mit ihm war auch die Bereitschaft des Eigentümers gestorben, das Unternehmen zu halten. Walz machte Kasse.

Was danach geschah, wird wohl nie jemand wirklich begreifen. Der damals 68-Jährige wurde Goldsucher. In Bolivien, Französisch-Guyana, Australien investierte er Millionen, immer in der Hoffnung, den großen Nugget zu finden. Man muss ihn nur sehen, auf den Fotos, die in seinem Büro hängen, in das er jeden Tag geht, hoch erhobenen Hauptes, um Nachrichten von seinen Minen zu bekommen. Der süchtige Schürfer vor riesigen Schaufelbaggern, im Rio Bipo stehend, die Waschpfanne schüttelnd, im Barackenbüro die winzigen Stückchen zählend, andächtig beobachtet von seinen Indios, die ihn Don Alfonso nannten. Seine Mine in Bolivien, sagt er heute noch voller Stolz, sei so groß wie der Kreis Ravensburg. Es muss die fiebrige Welt des Dschungels gewesen sein, die Gier nach dem Gold, in der er sich verloren hat und krank geworden ist. Bis heute ist nicht geklärt, was dazu geführt hat, dass er 1992 für zwei Wochen im Koma lag. Die Ärzte hatten ihn schon aufgegeben. Klar ist nur, dass Walz allein in Bolivien 5,7 Millionen Mark in den Sand gesetzt hat. Auf die Frage nach dem Warum antwortet er schlicht: „Wissen Sie, wenn Sie viel Geld haben, wollen Sie immer noch mehr.“

Es ist das Lebensprinzip des Alfons Walz, das ihn getrieben hat, das sich auf die Erfahrung stützte, dass immer alles geklappt hat, dass ein Absturz undenkbar war. Letztlich mündete es in der Katastrophe. Nach dem Gold kamen die Immobilien, Aktien und Anlageabenteuer. Gedrängt von seinem Chauffeur und Schneeschipper, seinem einzigen Vertrauten, der als Versicherungsvertreter firmierte, kaufte Walz in seinem Wahn, über die ganze Republik verteilt, wahllos Häuser und Grundstücke, die er nie gesehen hatte. In Berlin, Magdeburg, Hannover, Albstadt-Tailfingen, Ludwigshafen – die Liste ließe sich schier endlos fortsetzen. Allein dafür sollte er am Ende 60 Millionen Euro aufbringen. Parallel dazu geriet er in die Fänge eines Schweizer Anlagebetrügers, dem er zehn Millionen Euro überließ, da er von ihm eine 24-prozentige Rendite versprochen

bekam. Das Geld versickerte in obskuren Fonds, die von der Schweizer Staatsanwaltschaft nun in Zürich, New Jersey und London gesucht werden. Ob er davon jemals wieder einen Cent sehen wird, ist mehr als fraglich.
Wie kann einem Unternehmer, der einst Europas größter Babyartikelhändler war, das passieren? Walz beteuert, er sei es gewohnt gewesen, seinen Geschäftspartnern zu vertrauen. Rückblickend müsse er allerdings erkennen, dass er „Halunken" aufgesessen sei, deren „Dubiosität" ihm zu spät aufgefallen sei. Vorher hatten sie ihm noch einen „Russenkredit" von 20 Millionen Euro in Aussicht gestellt. Da habe er wohl einen Blackout gehabt, meint er. In seinem Schulterzucken drückt sich die ganze Hilflosigkeit aus, die Unfähigkeit zu begreifen, wie blind er mit seinen Dollarzeichen in den Augen war. „Jetzt kann ich wenigstens keine Dummheiten mehr machen", sagt er und erinnert mit seinem schuldbewussten Lächeln an ein Kind, das eine Vase vom Tisch gezogen hat und verwundert auf den Scherbenhaufen guckt.

Don Alfonso hat
jedes Sandkorn umgedreht.

Alfons Walz ist seit März 2001 geschäftsunfähig. Ein Weißenauer Psychiater hat ihm „leichte kognitive Störungen“ attestiert, was auch mit den beiden Schlaganfällen im Jahr 2000 zusammenhängen kann. Seitdem hat er eine Betreuerin, die früher Vormund hieß. Es ist sein einziges Kind, seine Tochter Alexandra. Die 40-jährige Malerin hätte bis ans Lebensende unbesorgt an ihrer Münchner Staffelei stehen können, wäre ihr Vater kein Hasardeur gewesen. Erst vor drei Jahren hat sie, die vermeintliche Millionenerbin, erfahren, dass er heillos verschuldet war. „Der Babbe“, sagt sie, „hat nie den Eindruck gemacht, Hilfe zu brauchen.“ Er hat ihr aber auch nie eine Wohnung überschrieben, die nicht weggepfändet werden konnte. „Wenn du eine neue brauchst, kaufe ich sie dir“, hat er ihr gesagt, und so geschah es. Im Plan des Patriarchen war eine Pleite nicht vorgesehen. Ob sie sauer ist ob der versauten Perspektive? Manchmal ja, räumt sie ein und zieht den Kragen der Fleece-Jacke hoch. Im Hause Walz wird man den Eindruck nicht los, dass an der Heizung gespart wird.

An der Wand hängt ein Bild von Che Guevara und eines von ihrer Kommunion: Alexandra im weißen Kleid mit weißer Kerze. Sie schaut hinauf, mit dem bewundernden Blick eines Mädchens, das einen großen Vater hat. Die Rollen haben sich verkehrt. Alfons Walz weiß, dass er jetzt auf seine Tochter hören muss. Zusammen mit dem Stuttgarter Anwalt Hans-Georg Grossmann versucht sie, sich durch den ganzen Irrsinn zu kämpfen. Sie forschen den Millionen nach, beruhigen Banken, vergleichen sich mit Gläubigern und fangen die Briefe ab, die fast nur Pfändungsbeschlüsse enthalten. „Der Babbe“, befürchtet sie, „würde das nicht überleben.“ Viele dieser Briefe tragen den Absender des Ravensburger Notars Roland Dieterich. „Er ist unsere letzte Baustelle“, sagt Grossmann, der mit seinem Kollegen in heftigen Rechtsstreitigkeiten liegt. Der Grund ist

eine Immobilie. Dieterich hatte sie im Jahr 2000 notariell beurkundet und dabei einen „formalen Fehler“ begangen, der ihn nach eigenen Angaben „teuer zu stehen kommt“. Laut Oberlandesgericht Stuttgart war die Beurkundung nicht korrekt. Walz sei, so sagt Grossmann, nicht ordnungsgemäß über den Vorgang aufgeklärt worden. Abgeleitet werden daraus Ansprüche von rund einer Million Euro. Das wiederum hat Dieterich zu einer in Notarskreisen unüblichen Maßnahme veranlasst. Im Gegenzug kaufte er einen Gläubigertitel über 1,25 Millionen für 250.000 Euro auf, um sie gegen die walzschen Forderungen aufrechnen zu können. Seitdem flatterten dem greisen Herrn, den zuletzt weißrussische Jugendliche beraubt und zusammengeschlagen haben, dutzende von Pfändungsbeschlüssen ins Haus – die Rente nicht ausgenommen. Davon erhält Dieterich 145 Euro monatlich. „Wenn gegen mich auf Schadenersatz geklagt wird“, sagt der 60-Jährige, „muss ich mich wehren können.“
Als „bekennender Christ“ und angesehener Bürger in Ravensburg wiederum merkt Dieterich, dass er die Prozesse nicht zu

Der alte Walz träumt noch immer vom Rio Bipo.

weit treiben darf. Es ist nicht sehr christlich, den letzten Nagel in den Sarg eines Mannes zu schlagen, der „schon 1999 platt war". Es ist immerhin der alte Walz, der zu seinem Achtzigsten noch die Verdienstmedaille seiner Heimatstadt Bad Waldsee erhalten hat. So zeigt sich der Notar, der im Rufe steht, ein Unerbittlicher zu sein, bei unserem Besuch versöhnlich. Er wolle die Dinge, verspricht Dieterich, wenn es irgendwie gehe, gütlich regeln. Der alte Walz tue ihm Leid.

Für Alfons und Alexandra Walz wäre das die Erlösung. Sie könnten die Akte Wahnsinn schließen und wenigstens bei null anfangen. Die Tochter muss nur aufpassen, dass der Vater nicht meint, als Unternehmer wieder etwas unternehmen zu müssen. Er träumt schon wieder von einem kleinen Versandhandel. Er liest schon wieder in einem Buch mit dem Titel: „Am Anfang stand die Idee – Strategien erfolgreicher Firmengründer". Seinen letzten Traum will seine Tochter ihm nicht nehmen. Noch einmal nach Bolivien fahren und mit der Waschpfanne im Rio Bipo stehen. Während sie ihm das zusagt, drückt sich der 83-Jährige aus seinem Sessel und zeigt, wie es geht: hin und her, bis das Gold vom Sand befreit ist. Und er strahlt wie ein Kind vor dem Weihnachtsbaum.

Ein Monat später, November 2003, Landgericht Ravensburg. Alfons Walz' Chancen, arm zu bleiben, aber seine Ruhe zu bekommen, stehen gut.

Respekt vor dem Richter. Der Saal 6 im Ravensburger Landgericht gleicht eher einem Therapieraum, in dem die Patienten auf der Couch liegen. Richter Claudio Stehle erzählt ihnen von der Beziehungs- und Inhaltsebene und davon, dass die Gefühle zu 90 Prozent für jeden Streit verantwortlich sind. Sie sollten die „Geschütze ruhen lassen", bittet er, und beden-

ken, dass der Gründer von Baby-Walz, die „einstige Ikone Oberschwabens“, auch nicht mehr ewig lebe. Tatsächlich hält sich der greise Herr nur eine Stunde auf dem Stuhl, bevor er aus dem Saal geleitet wird. Respekt auch vor Notar Dieterich, so schwer es fällt. Eigentlich, betont der Rotarier, wollte er den Streit bis zum Bundesgerichtshof tragen. Denn noch nie in seinen 35 Berufsjahren, so versichert Dieterich, sei ihm so etwas passiert. Dieser Stachel sitzt tief, wegen der Berufsehre, dem Ruf in der Stadt und dem Schadensausgleich, dem er jetzt per Handschlag zugestimmt hat. Es ist zwar keine Million, die er aufbringen muss, aber immer noch ein stattlicher Beitrag. Wenn es dem „Seelenfrieden“ des alten Walz diene, knurrt Dieterich, könne er mit der gütlichen Einigung leben.
Was er nicht sagt, ist, dass ihn die Berichterstattung über den Fall, der auch seiner war, sehr gestört hat. In Oberschwaben pflegt man solche Streitigkeiten untereinander zu regeln, mit dem schwarzen Filz zu überdecken, um möglichst geräuschlos seinen Geschäften nachgehen zu können. So dreht er jetzt lieber zähneknirschend bei, und erhält dafür von Richter Stehle ein „dickes Kompliment“, von seiner Tochter, die ihm auch als Anwältin zum Einlenken geraten hat, ein strahlendes Lächeln und von Walz’ Verteidiger Hans-Georg Grossmann das Kollegenlob, eindrucksvoll über seinen Schatten gesprungen zu sein. Alfons Walz lässt derweil ausrichten, dass er jetzt nochmal zum Gold waschen nach Bolivien will.

Ein halbes Jahr später besucht Alfons Walz ein letztes Mal seine Goldmine in Bolivien.

Seine Tochter Alexandra hat ihm den Flug zusammengespart, indem sie immer etwas von den 20.000 Dollar, die jährlich von der Mine „Siguani Goldplacer“ überwiesen wurden, auf die hohe Kante gelegt hat. Im Fluss stehen und Sand waschen kann er nicht mehr, jetzt bringen ihm die Indios die Erde, in der seine Sehnsüchte verborgen sind. Er sitzt im Schatten ihrer Baracken und siebt die winzigen Feingoldflimsel aus, die sie später zusammen mit seinem Verwalter Edgar wiegen. Inzwischen ist Alfons Walz 84, aber er strahlt wieder wie ein kleiner Junge, wenn in seinem Sieb ein paar Stückchen hängen geblieben sind. Und wenn sie ihn zum Fototermin bitten, er auf dem Stuhl inmitten der 40 Arbeiter, dann ist er wieder Don Alfonso. So stolz, als feierte er gerade 50-jähriges Firmenjubiläum. Vergessen ist dann auch, dass er wieder in eine tiefe Bewusstlosigkeit gesunken ist. Diesmal allerdings nur für eine halbe Stunde.

Der immerwährende Glücksucher ist nach Waldsee zurückgekommen. Im Gepäck hat er ein daumengroßes Gläschen mit Feingold, das er auf den Schreibtisch stellt, wie andere Leute ihre Familienbilder. Daneben liegen zwei Taschenrechner, in die er gerne große Zahlen eintippt. „Ich rechne immer aus, wie viel ich in meinem Leben verdient habe", verrät er und zwinkert einem verstohlen zu, als wolle er sagen: Komm wir setzen uns in meinen Rolls, fahren nach Monte Carlo und hauen die Kohle raus. Alexandra sagt, ihr „Babbe" sei eben ein großes Kind geblieben. Alfons fragt, aus welcher Diamantenmine der Schmuck auf ihren Sandalen sei. Es sind einfach Straßsteine, aber das wäre zu schwierig zu erklären. Mitgebracht hat er auch einen Sack mit rotbrauner Erde, die er in einem kleinen Raum neben dem Büro untersucht. Das sei sein Labor, meint er, weil er dort seine Waschschüssel, sein Sieb, sein Mikroskop und das Quecksilber hat. Die giftige Chemie braucht er, um das Gold zu binden, und er schüttet sie in den Garten, wenn sie ausgedient hat. Seitdem gibt es vor dem walzschen Haus keine Bäume mehr.

Das Büro und das Labor, das ist die Welt, in der er seinem

Traum nachhängt, der Dagobert Duck von Deutschland zu sein. Hier her kommt er immer noch jeden Tag, jeweils für zwei, drei Stunden. Wenn er einnickt, lässt ihn seine Tochter schlafen. In dieser Zeit überrascht er sie nicht mit neuen Plänen. Auch diesmal spricht er wieder von Bolivien, und Alexandra hat alle Mühe, ihn an den Brief von Verwalter Edgar zu erinnern, der dringend von einem Besuch abrät. Im Land herrscht Bürgerkrieg, die Geschäfte gehen schlecht. Alfons Walz wird seine Mine wohl nicht mehr sehen. Er erinnert sich nicht mehr an sein Hochzeitsjahr, nicht mehr daran, wie lange er verheiratet war. Das Nachdenken und Sprechen fällt ihm schwer, was sich in seinem Kopf bewegt, ist kaum mehr ergründbar, die beginnende Demenz unverkennbar. Aber er hat auch noch Monika. Die Vierzigerin ist seine Pflegerin, und flaniert mit ihm durch die Stadt, Arm in Arm. Lange hat er das Fachwerkidyll gemieden, weil er gemerkt hat, wie sie ihn geschnitten haben, die braven Bürger, ihn den Hasardeur, den sie einst als großen Unternehmer zumindest heimlich bewundert haben. Heute sitzt er im Café am See, die Menschen grüßen das schmucke Paar, und Alfons raunt seiner Monika ins Ohr, er wolle sie heiraten und ein Kind mit ihr haben.

Die Tochter freut sich darüber, wie ihr Vater ein letztes Mal aufblüht. Sie hat ihren Frieden mit dem „Babbe" gemacht, ihm das Desaster verziehen, das auch ihren Lebensplan völlig durchkreuzt hat. Auf seinen Grabstein werde sie keinen Sinnspruch schreiben, sagt sie. Nur das Geburts- und Todesdatum und darunter werde Unternehmer stehen.

Kekse auf der Streckbank

Kaum zu glauben, aber wahr. Stuttgart ist die Hauptstadt der Sadomasochisten. Ebenso verblüffend ist die Geschichte des führenden Studios in der Stadt: das Frauenkollektiv Arachne. Es ist eine Art Wohngemeinschaft, in der so viel gelacht wie gehauen wird.

Das Studio ist dort, wo es geduldet wird: im letzten Winkel von Zuffenhausen, verborgen hinter heruntergekommenen Lagerhallen, in deren Schatten sich schwarze Limousinen verstecken können. In dem Ziegelhäuschen ist Arachne zu Hause. „Ich bin die Domina fürs Volk", kichert die 33-Jährige und wirbelt das blonde Langhaar herum, als wäre sie das Engelchen, das in der Schule immer die Maria gespielt hat – was sie tatsächlich getan hat. Heute betreibt Arachne das führende SM-Studio in Stuttgart. Neben den Schwaben drängen vor allem Schweizer, Engländer und Holländer die mit einer roten Lichterkette verzierte Treppe hinauf.

Arachne ist Griechisch und heißt Spinne. Sie hat den Namen gewählt, weil die Spinne das Männchen frisst. Ihr bürgerlicher Name ist Nicole, aufgewachsen ist sie auf den Fildern, gearbeitet hat sie als Kindergärtnerin, bis sie gemerkt hat, dass ihre Neigungen auf einem anderen Gebiet liegen. „Blümchenbeziehungen haben mich gelangweilt", sagt sie. Ihr Leben über dem evangelischen Hort war den Pfarrern zu laut, die Kirchengemeinde zu eng, die zwei Jahre als Erzieherin waren zu lang. Bei ihr greifen die Klischees nicht, die man hat, wenn von Sadomasochismus die Rede ist. Kein Missbrauch in der Familie, keine Abrechnung mit dem Vater, keine Verachtung der Mutter, stattdessen Lust am Schmerzzufügen, am Machtausüben und die Neugier auf die dunklen Seiten menschlicher Sexualität. Nicole ist eine schöne Frau. Mit ihren langen Beinen würde sie auch auf dem Laufsteg eine gute Figur abgeben.

Vor acht Jahren hat sie das Studio gegründet, das die Neulinge mit schweißnassen Händen betreten. Sie erwarten die Peitsche und werden erst mal ins Besucherzimmer geführt, wo sie Kaffee und Kekse auf der Streckbank serviert bekommen. Arachne spricht mit ihnen über ihre Vorlieben, schaut, welche Gerätschaften sie fixieren (Handschellen, Pranger, Rohrstöcke, Nagelgürtel und Ähnliches) und führt anschließend ihre Mitarbeiterinnen vor. Die Juristen wählen dann meistens die strenge Sylvana aus, die Lehrer wollen Eva mit der schwarzen Brille und die Ärzte die blonde Kim mit der Rubensfigur. Übers Jahr sind es ungefähr 6000 Gäste, verteilt auf 20 Dominas. Sie tun Dienst von morgens 7.30 Uhr bis nach Mitternacht. Eine halbe Stunde kostet 100 Euro, eine ganze 200, ohne Begrenzung nach oben. Ruhetage gibt es nur an Weihnachten.

Arachne macht inzwischen keine Sessions mehr, wie die Sexarbeiterinnen ihren Service nennen, allenfalls noch privat, wenn ihr danach ist. Sie hat noch einen Laden im Hallschlag, in dem die Männer die Rohrstöcke wie die Auslagen auf dem Obstmarkt prüfen. Für ängstliche Anfänger sind mit Plüsch ummantelte Handschellen im Angebot, Kuschelfreunde können kleine Kamele in schwarzen Lackstiefeln erwerben.

Arachne ist Kopf und Seele des Betriebs: der Kopf, weil sie die einschlägige Literatur von Rousseau über Foucault bis zum Marquis de Sade kennt, die Seele, weil ihr an dem Kollektiv liegt, das ihre Frauen bilden. Wer sie trifft, wird den Eindruck nicht los, dass es sich hier um eine WG mit angeschlossenen Folterstuben handelt. Sie beschließen zusammen, welche Werkzeuge gekauft werden und wer den Putzdienst übernimmt, wenn der Tübinger Student ausbleibt, der seine Session-Kosten mit einer Let's-putz-Aktion abarbeitet. Die anderen angehenden Akademiker bekommen Rabatt, wenn sie eine Immatrikulationsbescheinigung vorlegen. Das sei wegen der Kundenbindung, erklärt Arachne. Aus den Studenten der Medizin werden einmal Ärzte, die den vollen Preis bezahlen. Einen festen Stamm zu haben ist wichtig.

Nach Dienstschluss ist Supervision. Arachne fragt, wie der Tag gelaufen ist, wo's Probleme gab und wie sich ihre Frauen fühlen. Sylvana stöhnt. Ihr Staatsanwalt war wieder da. Seit das Studio besteht, kommt er, immer mit einem handgeschriebenen Drehbuch in der Hand. Jeder Schritt, jede Handbewegung, jeder Satz ist notiert, jede Abweichung irritiert den „extrem lieben Menschen". Er will nur eines: eine perfekt inszenierte körperliche

Die Dominas lieben es, ihre Gäste im Spinnennetz zu fangen.

Überwältigung, die seine Herrin in Jeanshotpants und schweren Schuhen auszuführen hat. Sie hat ihn zu fesseln, auf ihm zu knien, die Brille zu reichen, damit er sieht, ob sie dominant genug guckt, und dann den immer gleichen Satz zu sagen: „Zum Zeichen des Triumphs musst du meine Füße lecken." Die Abwehr von Lust wird ihm zu deren Quelle.
Für Sylvana, die gerade ein autobiografisches Buch („Sternenkinder") geschrieben hat, sind solche Kunden anstrengend. Die bekennende Esoterikerin möchte mit dem Yin und Yang der chinesischen Philosophie spielen, den gegensätzlichen Polen im Menschen. Ihr Staatsanwalt lässt keinen Raum für Improvisation, keinen Platz für einen offenbar erregenden Machtkampf zwischen oben und unten. Den Mann zappeln lassen, mit den Fingern schnippen, vielleicht sogar einen „Switch", einen Rollenwechsel, erleben, wenn der Knecht zum Herrn wird, das sei besser als ein Orgasmus, behauptet sie. Oder den Pfarrer öffnen, der in die Zwangsjacke des Zölibatskorsetts gepresst ist. Er will in Plastikfolie verpackt werden, sonst nichts. „Das ruckartige Aufreißen der Hülle", sagt die ehemalige Klosterschülerin, „ist seine Befreiung." Mehr muss sie nicht tun.
Stuttgart ist neben München die Sadomaso-Hochburg in Deutschland. Elf Studios verteilen sich über die Stadt, 180 Etablissements bieten neben der üblichen Prostitution auch Dominadienste an, weitgehend unbemerkt von der Öffentlichkeit und von der Polizei in Ruhe gelassen. „Das SM-Milieu ist unscheinbar und weitgehend harmlos", bilanziert der Polizeisprecher Hermann Karpf, „es gibt hier keine Strafanzeigen." Warum es aber gerade im Schwabenland so verbreitet ist, lässt sich nur erahnen. Das Geld ist da, meint Arachne, und dann die (Arbeits-)Moral. Ihre Knechte sind im normalen Leben die Herren, die sich keine Schwäche erlauben dürfen. Weder im Betrieb noch zu Hause, wo sie die Machtstrukturen heillos

durcheinander bringen würden, zeigten sie die Seiten, die sie nicht zu zeigen wagen. „Die Härtesten sind die willigsten Subis", glaubt Arachne. Subis sind die, die sich unterordnen. In Zuffenhausen können sie ihre Triebe ausleben, anonym und vertraglich festgelegt, ohne Angst vor der Entdeckung. „Sie würden hier viele bekannte Gesichter sehen", sagt sie, „aber Diskretion ist oberstes Gebot." Wenn es klingelt, wird die Tür zum Treppenhaus geschlossen.

Es könnte der eigene Zahnarzt sein, der sich mit dem Teppichklopfer versohlen lässt, weil er spüren will, was seine Patienten spüren. Oder der Manager, der sich im Käfig wie ein Tanzbär drehen lässt, weil er fühlen will, was es heißt, gedemütigt zu werden – auch in der Gewissheit, dass das Kosten-Nutzen-Verhältnis stimmt. (Es ist schon vorgekommen, dass eine Session abgebrochen werden musste, weil ein Gast seine Rede nicht aus dem Kopf verdrängen konnte, die er im Anschluss halten sollte. Das darf einer guten Domina nicht passieren, und deshalb gibt es das Geld zurück.) Es könnte der Banker sein, der pfeifend aus dem Kettenzimmer schreitet und am Ausgang noch ein Bonbon mitnimmt, weil ihn die Herrin hervorragend gefesselt und anschließend so gut verstanden hat. „Hinterher erzählen sie mir von Hund und Katze und vom Urlaub", berichtet Sylvana, „und könnten die ganze Welt umarmen."

Das Verbergen hat seinen Grund. Sadomasochismus ist in Deutschland ein Tabu, wenn auch nicht strafbar und von der Sexualwissenschaft nicht mehr als pervers eingestuft. Doch im Gegensatz zum Schwulsein, das allmählich salonfähig geworden ist, würde sich kein auch nur halbwegs Prominenter zu dieser Spielart bekennen. Es wäre sein gesellschaftliches Aus. Peter Weibel, der Direktor des Zentrums für Kunst und Medientechnologie in Karlsruhe, glaubt zu wissen, warum das so ist. Er hat sich viel mit Masochismus in Kunst und Literatur beschäftigt. In einer Gesellschaft, in der jeder Hammer und nicht Amboss sein wolle, nur der Sieger die Gloriole trage, erläutert er, sei die öffentliche Unterwerfung unerträglich, die Erniedrigung katastrophal, für Führungskräfte zumal. In seinem kulturphilosophischen Standardwerk „Phantom der Lust" ist vieles davon nachzulesen.

Die Frauen von Arachne sprechen oft über diese heimliche Welt, die nur in Bruchstücken nach draußen dringt. Sie kennen die Filme, in denen mit Lack, Leder und Stiefeln das verruchte Milieu nachgezeichnet und häufig zur Karikatur verzerrt wird, die Mode, die mit diesen Accessoires arbeitet, die nächtlichen Spots im Fernsehen, in denen furchterregende Dominas die Peitsche schwingen und mit tiefer Stimme fordern: Ruf an! Als wäre Sadomasochismus nur Männer hauen. Mit der Wirklichkeit hat das nur sehr wenig gemein, eher mit der Verdrängung eines Phänomens, das es in dieser Gesellschaft in großer Zahl gibt. Wenn sie sich dann wieder die Köpfe heiß geredet haben, sagt Sylvana, die ganze Welt sei ein SM-Studio, und keiner gebe es zu.

Die Mutter zweier Kinder ist die Einzige bei Arachne, die den Widerspruch zwischen Nachfrage und Verstecken für sich gelöst hat. Sie outet sich, lässt sich fotografieren, während die Chefin der verrückten Familie höchstens im Halbprofil ins Bild will. Es sei, gesteht Nicole alias Arachne, wegen ihrer Eltern, denen sie nicht wünsche, dass die Nachbarn bei ihrem Anblick die Straßenseite wechseln. Auch die anderen halten sich bedeckt. Die meisten haben bürgerliche Berufe, sind Arzthelferinnen, Altenpflegerinnen, Malerinnen oder Kosmetikerinnen, die sich nebenher ein Zubrot verdienen. Die ausgebildete Krankenschwester Anna zum Beispiel rückt immer nach Dienstschluss an, um im Kliniksexraum die Katheter fachgerecht zu verlegen.

Dann wechselt sie ihren lustigen Ringelpulli gegen Häubchen und Kittel. Arachne fördert dieses Doppelleben, drängt ihre Studentinnen zu einem Abschluss. „Die Frauen müssen die Wahl haben", betont sie, „da mache ich Druck." Im Schnitt sind sie drei Jahre bei ihr. Seit kurzem gehen sie gemeinsam ins Boxtraining.
Es ist schwierig, unter diesen Umständen an ein selbstbestimmtes Leben zu glauben, das sie für sich einfordern. Dass sie Freude an ihrem Nebenberuf haben, wie sie versichern, ist für Außenstehende nur an ihren Gesichtern abzulesen. Und die lachen oft. Wie etwa soll man verstehen, dass Josephine Spaß an ihrem Sklavendasein hat? Die mollige Grafikdesignerin in ihrem braunen Wollpullover könnte auch bei Karstadt an der Kasse sitzen. Sie schreibt Aufsätze über ihren Masochismus („Kein Spiel ohne Einsatz"), bei deren Lektüre einem nur die Haare zu Berge stehen. Heißes Wachs, Klammern, Hundehalsband. Außer Ohrfeigen lässt sie sich alles gefallen, und davon berichtet sie mit einer Fröhlichkeit, als sei sie gerade auf einem Betriebsausflug gewesen. Extrem ist alles hier, und doch hätten sie's

Wenn Männer von zehn Orgasmen erzählen, lachen die Frauen.

gerne normal. Das wird deutlich, wenn sie erzählen, wie sich Dominas und Sklaven in ihrem Studio gefunden und geheiratet haben. Es wird sichtbar, wenn Nicole ihr Lederoutfit und die High Heels ablegt, in einen weiten Rock schlüpft, barfuß zwischen Streckbank und Pranger herumhüpft und ihren Mops Mädi streichelt. Selbstverständlich könnte der Fotograf auch Bilder von dem Wäscheständer machen, der vor dem Gynäkologenstuhl steht. Eine Herrin beim Unterhosenaufhängen – warum nicht? Das Kind von den Fildern würde gerne raus aus seiner Zuffenhausener Schmuddelecke, am liebsten auf die Königstraße, und dort die Herren vorfahren lassen. Ganz offen, ohne Scham. Als neues Gerät würde Arachne dann ein Nudelholz anschaffen.

Vier Monate später. Gabriella ist ausgestiegen und verkauft jetzt Fertighäuser. Glücklicher ist sie nicht.

Gabriella hat fünf Jahre bei Arachne geschafft. Jetzt nimmt sie Abschied, weil sie einen Freund hat, der nicht wissen soll, was sie tut. Ihr Haus hat sie mit dem Geld, das sie verdient hat, auch abbezahlt. Es seien, rechnet sie überschlägig, etwa 200.000 Euro gewesen. Bei der kleinen Feier sind auch Stammkunden dabei, die noch einmal ihre Brennnessel-Ameisentherapie loben. Im angrenzenden Wald hat sie Gabriella an den Baum gefesselt, die Tierchen hoch krabbeln lassen, und anschließend die nackte Haut mit frischen Brennesseln bestrichen. Am liebsten war ihr die Frühschicht. Beginn um 7.30 Uhr, wenn die Natur noch taufrisch war. Auch die Jungs vom naheliegenden Porsche konnten noch eine Session vor der Arbeit einschieben.

Sie nannten sie die „Domina mit Herz", wegen ihres fröhlichen Wesens, wohl auch wegen ihres großen Busens, was zusammen eine Mutterrolle ergab, die sehr beliebt ist. Meistens wurde sie gebucht, um den Männern den Wunsch zu erfüllen, Baby zu sein. Pampers anziehen, Schnuller in den Mund, nackt auf dem Boden herumrutschen, bei nassen Windeln mit dem Rohrstock bestrafen. Eben den Arsch verhauen. Das war das Standardrepertoire für Männer, die von ihrer Mutter nur wahrgenommen wurden, wenn sie etwas Schlechtes gemacht haben. Gabriella sagt, das sei die spannendste Zeit ihres Lebens gewesen. Die 49-Jährige hat keine spektakuläre Biographie. Sie ist auf dem Land bei Augsburg aufgewachsen. Der Vater ist Hilfsarbeiter, die Mutter Schneiderin, die Tochter geht in eine Metzgerei zur Lehre und merkt, dass sie Fleisch mag. Einen Schinken in den Händen zu walken bereitet ihr hohen Genuss. Mit 17 heiratet sie, bringt bald darauf zwei Kinder zur Welt, und langweilt sich mit ihrem Ehemann, der bei der Bundeswehr und erotisch einfallslos ist. Sie probieren es mit Swingerclubs, aber auch da fehlt irgendwann der Kick. Gabriella lässt sich scheiden, liest eine Anzeige, in der Spitzenverdienst für aufgeschlossene Frauen angeboten wird, und landet bei Arachne.

Sie will keine langen Erläuterungen, sie will gleich anfangen. Bei der Bewerbung hat sie die Dessous schon an. Zunächst beginnt sie als Sklavin. Sie müsse doch wissen, wo 's wehtut, erläutert sie. Gabriella war immer praktisch. Danach lernt sie bei Krankenschwester Sarah das Peniszunähen und Katheterlegen, also den Kliniksex. Aber viel wichtiger ist das, was sie in ihrem Innersten berührt: „I bin was, i werd gebraucht“. Die Männer küssen ihr die Füße, sie nehmen frei, um einen Termin bei ihr zu erhalten, sie bringen Blumen mit, um sie gewogen zu halten, und sie zahlen auch noch dafür. „Mich schmeißt kein Bankdirektor mehr um“, sagt sie, „das ist wunderbar fürs Ego. “

Gabriella gibt die Erfahrungen weiter. In einem kleinen Ort bei Tübingen, wo sie wohnt, richtet sie einen SM-Stammtisch ein. Bei ihren Klassentreffen berichtet sie von ihrer Arbeit, freut sich

über die großen und roten Ohren der Frauen, die in diesem Leben die große Lust und Freiheit wähnen. Zu Hause der Gatte, der in Filzpantoffeln vor dem Fernseher klebt und Bier nachordert, bei Gabriella der Bankdirektor auf dem Boden, der ihr die Zehen leckt. Die Klischees sind oft Realität, die Domina wird zum Symbol der Emanzipation, die Phantasie zum Kopfkino, das sehr verführerisch erscheint. Auf diese Idee muss frau erst mal kommen. Gabriella, die von sich sagt, sie sei ein Luder und trage keine Höschen unterm Rock, empfiehlt ihnen, zunächst mit Strapsen unterm heimischen Dach anzufangen, und dann vielleicht einen Swingerclub fürs Partnertauschen zu besuchen. Aber die Frauen trauen sich nicht, das weiß sie, das hänge mit ihrer Sozialisation zusammen. Die Sehnsucht verschlössen sie in ihrem Herzen.
Heute sitzt Gabriella in Fellbach und betreut in der Ausstellung Eigenheim & Garten ein Objekt, das durch seine freizügige Art zu wohnen vor allem für junggebliebene Bauherren interessant ist, wie der Prospekt meint. Richtig ist, dass die 56 Häuser exakt das verkörpern, wovor die Käufer zu Arachne fliehen: die steingewordene Heimeligkeit. In der ersten Zeit kam Gabriella noch in Leder und Stiefeln, bis sie merkte, dass das nicht unbedingt verkaufsfördernd war. Jetzt trägt sie ein enganliegendes geblümtes Hemd, eine weiße Leinenhose, und die flachen Schuhe haben kleine Bommel. Auch die drei Kristallherzen von Swarowski, die im Ausschnitt funkeln, passen besser zu Kachelofen und Wintergarten.
Natürlich ist der Job langweilig im Vergleich zu dem bei Arachne. Kachelofen statt Ketten. Wie Tag und Nacht, bekennt sie. Aber er bringt Kohle, mehr als zuvor. Die kleine Teufelin weiß, wie sie die Männer zu nehmen und die Frauen zu locken hat. Ein Schlafzimmer mit nur zwölf Quadratmetern? Aber ich bitte Sie, das Zimmer ist nicht nur zum Schlafen da. Wo soll der

Spiegel Platz haben? Und schauen Sie, das Bett muss einladend sein, muss so gebaut sein, dass man etwas dran binden kann. Gabriella, die jetzt einen bürgerlichen Namen hat, weiß, dass der Grat schmal ist, auf dem sie lustwandelt. Einen Pietisten wird sie mit dieser Strategie nicht gewinnen, eine junge Mutter, die sich aufs Kinderkriegen und -lieben einrichtet, eher verschrecken. Andererseits: Brodelt es nicht unter deutschen Dächern? Ihre Erfahrung bei Arachne sagt Ja. Und in aller Regel verkauft sie ihre Häuser mit Schlafzimmern, die 17 Quadratmeter haben. Der Mercedes SLK, den sie sich so sehr wünscht, ist nicht mehr weit.
Nur in einem Fall war alle Kunst vergebens. Ein Enddreißiger, attraktiv, selbstbewusst, mit blonder Ehefrau trat herein, wanderte durch den Wintergarten, strich mit dem Finger über die Bar, erläuterte das Kandinsky-Bild und erschrak. Die Verkäuferin, die fragte, ob sie helfen könne, war seine Domina, die ihn einst gewickelt hat. So schnell habe sie gar nicht gucken können, wie er draußen war, grinst Gabriella, und zieht ihr Hemd von der Schulter. Darunter lugt ein Spinnennetz-Tattoo hervor. Das Zeichen von Arachne.

Ein halbes Jahr später. Bei Arachne wird gefeiert und die Chefin will Mutter werden.

Arachne hat Geburtstag. 35 ist sie geworden. Roxy, Leyla, Luna, Eva und Zora lassen sie hoch leben. Gefeiert wird im Aufenthaltsraum, auf Polstern auf dem Boden. So wie man es eben von früher her kennt. Mit dem kleinen Unterschied, dass die Kleidung der Frauen kaum Fragen nach dem darunter offen lässt, und auf dem Schrank weder Marx, noch Lenin oder Mao klebt, sondern ein schlichtes „Gib's mir" in Rot. Rubenslady Roxy hat Kerzen von ihrer letzten Wallfahrt mitgebracht. Die erblondete Bayerin sagt, sie sei fromm, könne alle Rosenkränze beten und einen Mann in einer halben Stunde drei Mal zum Höhepunkt bringen. Das ungläubige Staunen des Besuchers quittieren die Kolleginnen mit einem milden Lächeln einem Unwissenden gegenüber, der ihre Welt immer noch nicht begriffen hat. Roxy hat auch noch kurze Hosen und ein T-Shirt für Arachne fürs Boxen. Die schwarze Zora, die in ihrem früheren Leben Chefsekretärin war, bis der Betrieb pleite ging, steuert einen Marmorkuchen bei, und Eva, der Liebling der Lehrer, schenkt der Chefin die Zeitschrift Schwangerschaft & Erziehung. Arachne spielt mit dem Gedanken, Mutter zu werden.

Sie haben Zeit zum Feiern. Draußen ist es schwül heiß, kein Antrieb für die Männer, zu den Frauen zu gehen. Arachne zieht ihre Cargohosen und ihrer Schlabberbluse aus, und streift das neue Boxeroutfit über. Sie braucht im Studio kein Leder mehr, weil sie nur noch darauf achtet, dass der Laden läuft und ihre Mädels keine Dummheiten machen. Den Spott von Rubenslady Roxy über ihre kleinen Brüste, die ihr lange Kummer bereitet haben, erträgt sie inzwischen mit Humor. Ihre kleine Boxeinlage vor den Spinden, in denen die Frauen ihre Arbeitskleidung aufbewahren, zeigt, wer die Herrin im Haus ist. Soll Roxy doch ihre Ringkämpfe auf der Plastikplane bestreiten, wenn wieder einer am Boden liegen will.

Im vergangenen halben Jahr hat Arachne ihr Personal von 22 auf 30 aufgestockt. Das war notwendig, erklärt sie, um einerseits das Angebot zu verbreitern, und andererseits den Umsatz hochzuhalten. Die Kunden werden immer wählerischer, aber auch sparsamer. Es sind ja nicht nur die Manager, Staatsanwälte und Mediziner, die zahlen. „Hartz IV hat auch uns getroffen", sagt Arachne. Wer früher eine Stunde gebucht hat, beeilt sich heute mit einer halben. Wer früher ein Mal im Monat gekommen ist, lässt sich nur noch alle zwei Monate blicken, und die Dumpingpreise in der Branche, 250 Euro für einen ganzen Tag, möchte sie nicht einführen. Deshalb erhöht sie die Schlagzahl. Das sichert den Standort Zuffenhausen, die Arbeitsplätze für ihre Dominas, die bis zu 4000 Euro netto im Monat verdienen, und ihren Ertrag. Das erhält auch den geschützten Raum, die nötige Infrastruktur und den regelmäßigen Kundenbesuch. Und ihre Kicherstube, in der sie nur albern sein können.

Was für ein Spaß, wenn sich die Männer mit schlotternden Knien die Treppe hoch schleppen, und wie eine Feder wieder hinunter fliegen. Manche behaupten dann, sie hätten zehn Orgasmen gehabt. Darüber müssen sie grinsen. Aber das dürfen sie natürlich nicht sagen. Sie wissen, dass das Ego des Mannes empfindlich ist, und so behandeln sie es auch während der Geburtstagsfeier, die immer kurz unterbrochen wird, wenn das Telefon klingelt. Wird Roxy verlangt, wischt sie sich die Marmorkuchenkrümel vom Mund, wechselt vom Glucksen zum Verruchten, beschreibt dem Süßen ihre körperlichen Vorzüge, fragt ihn nach seinen Wünschen und Vorlieben. Sie stimmt der Natursektorgie mit aufgebauter Kamera zu, dann gibt's einen Eintrag im Terminbuch, und kaum ist der Deckel zugeschlagen, fragt sie, ob sie zum Beweis ihrer Frömmigkeit das Vater unser oder das Gegrußet seist du Maria aufsagen soll. Das will niemand hören.

Lieber erzählen sie vom Ende vergangenen Jahres, als überraschend die sexuelle Konjunktur anzog. Plötzlich standen Autos mit Kindersitzen vor der Tür. Rechtschaffene, solide in Jacketts und Krawatte gewandete Männer stiegen aus, läuteten und wollten wissen, ob es sich hier um das seriöse Institut Arachne handele. Sie hätten darüber in der Stuttgarter Zeitung gelesen, die bekanntermaßen ein vertrauenswürdiges Organ sei. Sie haben sich die Auslagen angeschaut, die Qualität der Folterwerkzeuge geprüft, und sind geblieben. Am Schluss wollten sie gepeitscht werden. Das habe ihre Dominas gefreut, sagt Arachne, das Weihnachtsgeschäft sei überwältigend gewesen.

Das verlorene Lebenswerk

Franz Josef Dazert war Lurchi. Jahrzehnte seines Lebens hat er für Salamander geschafft. Am Ende muss er feststellen, dass seine Kraft nicht ausreicht, Lurchi am Leben zu halten.

Und lange schallt’s im Walde noch, Salamander lebe hoch! Der Jauchzer von Lurchi, wie wir ihn aus den Heftchen kennen, in denen von seinen Abenteuern erzählt wird. Keiner kann den Jauchzer verschmitzter vortragen als der alte Dazert. Ja, da lacht er, bis über beide große Ohren. Er hat’s mal wieder geschafft. Die Heidenheimer Voith AG und die Württembergische Lebensversicherung hat er ins Boot geholt, und damit ist wieder einmal bewiesen, was Lothar Späth schon immer gesagt hat: Es ist der Alte, der den Laden zusammenhält.

Der Alte ist 72 Jahre jung, und weil er, nach eigener Einschätzung, für viele der verkörperte Lurchi ist, ist er jetzt ein wenig stolz. Aber was tut der stoppelhaarige Strippenzieher? Er sitzt in seinem Häuschen in Isny und macht nicht mal eine Flasche auf. „Mit dieser Beteiligung bin ich sehr zufrieden“ das ist das höchste der Gefühle. Kein Wort darüber, wie lange er an Voiths Vorstandschef Michael Rogowski herumgeschraubt hat, bis er ihn soweit hatte, Großaktionär bei Salamander zu werden. Kein Wort über die Last, die ihm von der Seele gefallen ist. Ein Dazert quasselt nicht.

So hat er es als Vorstandschef von 1972 bis 1989 gehalten, und so hält er es als Vorsitzender des Aufsichtsrats, wobei die Positionsverschiebung im Grunde unwichtig ist. Die Macht ist bei ihm geblieben. Es gibt kein Protokoll des Vorstands, das er nicht kennt, keine weitreichende Entscheidung, die ohne seinen Willen gefällt wird. „Ein Aufsichtsrat“, erläutert er, „arbeitet nicht im Wolkenkuckucksheim“, was er zum Leidwesen seines Vorstands jeden Tag beweist.

Es bleibt dabei: Dazert ist Salamander und umgekehrt. Um so verwunderlicher ist unter diesen Umständen, dass ihn kaum einer kennt. Es gibt keine Fotos von ihm, die ihn auf Empfängen zeigen, keine Fernsehauftritte, keine gespreizt beantworteten Fragebögen. Alles Zeitverschwendung für einen, der sein Leben lang gearbeitet hat. Er sei kein Mann für den Set, meint er, dort werde nichts Substanzielles geredet. Also bleibt er weg. Und deshalb weiß man bestenfalls, dass er neben dem Aufsichtsrat von Lurchi noch jenem der Geislinger WMF vorsteht, in mancherlei anderen Kontrollgremien sitzt (Ravensburger Spiele, Hutschenreuther) und früher den Fürsten Georg von Waldburg-Zeil zum reichsten Mann des Landes gemacht hat, als er noch Generalbevollmächtigter seiner Durchlaucht war. Und sonst?

Sonst ist Dazert ein Manager, der schon mit dem Begriff nichts anfangen kann. Manager sind für ihn Menschen, die ihre Zukunft nicht mehr mit dem Schicksal der Firma verbinden. So gesehen ist Dazert ein Dinosaurier. In anderer Hinsicht auch: Der Sohn eines niederrheinischen Tante-Emma-Laden-Besitzers aus Irlich bei Neuwied kultiviert einen Stil der Bescheidenheit, der mit der Absicht daherzukommen scheint: Schaut her, hier ist einer, der den großen Auftritt nicht nötig hat. Privat fährt er einen braunen VW Variant aus den sechziger Jahren, den er kaum noch durch den TÜV gebracht hat. In den Werksferien taucht er in Sandalen, kurzen Hosen und Strohhut im Betrieb auf, seine Anzüge kauft er von der Stange, und wenn sie ihm zu teuer erscheinen, lässt er sich in die Abteilung für die reduzierten Modelle schicken. Dazu trägt er eine abgewetzte Aktentasche und Salamander-Schuhe, nach deren Alter man

Groß scheint man nur,
wenn man wichtig ist.

besser nicht fragt. „Ich weiß", sagt er, „ich bin altmodisch." Im Schwäbischen, wo man den Reichtum höchstens hehlenge – also heimlich – zeigt, dürfen Sparappelle auch in Äußerlichkeiten gekleidet werden.

Wäre Dazert nicht Katholik und eifriger Frühmeßbesucher, einer, der seine Mitarbeiter mit Kirchenliedern („Wach' auf, mein Herz, und singe") per Telefon weckt, müßte man ihn für den Inbegriff protestantischer Arbeitsethik halten. Stets im Dienste seines Unternehmens, und das mit dem Dienen meint er wirklich so. Er verstärkt es noch, indem er das Wort leiden hinzufügt, so als ähnelte sein Weg nach Kornwestheim jenem nach Golgatha. Nicht von ungefähr hängt in seinem ansonsten völlig kahlen Büro der Kreuzweg von HAP Grieshaber. Die Erdenschwere des Reutlinger Einzelkämpfers ist's, die ihn anzieht, aber auch die Kraft, die aus dem Holzschnittzyklus spricht. Wenn er den Blick von seinem Schreibtisch hebt, sieht er nur ihn. Freilich, die 14 Blätter beginnen zu verblassen, weil er

die Sonne auf sie scheinen läßt. „Meine Erben“, sagt er, „werden nicht mehr sehr viel davon haben.“
Hier ist sein Leben, von dem er weiß, dass es ein endliches, aber auch ein anachronistisches ist. Die Nadelstreifen von heute verstehen den hageren Asketen nicht mehr und vice versa ist es genauso. Als müßte er die Distanz sinnbildlich beweisen, führt er den Besucher durch die Führungsetage, die einen Stock tiefer angesiedelt ist. Sie ist keineswegs verschwenderisch, nur gediegen teuer eingerichtet. „Das ist’s, worunter ich leide“, sagt er und fährt kopfschüttelnd über den Schleiflack. Für ihn ist das Luxus, Design statt Sein, so unverständlich wie das Hüpfen von einem Job zum andern, das Jonglieren mit Millionen, das seinen Sinn allein nach dem Kurs der Börse bemisst. Auch Möbel machen für ihn Leute, denen Firmentreue ein Überbleibsel von vorgestern ist, die heute von Buyout und morgen von Shareholder value reden, und darüber vergessen, dass es ein Unternehmen wie Bosch heute nicht mehr geben würde, wenn der alte Bosch mit Shareholder value angetreten wäre.
Den jungen Bosch hat er selbst noch erlebt, anno 1970, als sie beim Fürsten, dem Besitzmilliardär, dem jeder zweite Baum im Allgäu gehört, auf Schloß Zeil zusammengesessen sind, und die Claims im südwestdeutschen Zeitungswesen abgesteckt haben. Er als Anteilseigner der Allgäuer Zeitung, Fürst Georg als Komplementär der Schwäbischen Zeitung, Bosch junior und Geschäftsführer Eugen Kurz von der Stuttgarter Zeitung. Damals, erzählt Dazert, hätten Männer noch etwas zu sagen gehabt und sich schließlich zum Wohle aller geeinigt. Auch das vehement vorgetragene und differierende Glaubensbekenntnis von Bosch jr. („Ich bin lutherisch“) habe daran nichts geändert. Heute ist das alles anonymer, die Gutsherren sterben aus, und, wer weiß, vielleicht kämpft er gerade deshalb wie ein Löwe um Salamander, sein Lebenswerk. Er tut’s, glaubt er, für die vielen

Schuhverkäufer, die ihm vor Weihnachten einen Adventskranz schicken, für deren Töchter, die einen Knicks machen, wenn der Patriarch den Laden betritt. „Zu mir haben sie Vertrauen", erklärt er. Das ist das Paternalistische an ihm, das Fürsorge beinhaltet, aber auch den Glauben, dass nur er das Richtige tut, und dass es nach ihm nur schlimmer werden kann.

Die Banken haben weniger daran geglaubt. Sie wollten ihre Anteile an Salamander verkaufen, weil sie Dazert für ein Auslaufmodell halten. Mit ihnen lag er seit Jahren im Streit, sie hatten den ständigen Clinch mit dem knorzigen Aufsichtsratschef satt, der er sich zum Lebensmotto gemacht hat, keinen Streit zu vermeiden. Und dann ging es für sie ohnehin nur um mindere Beträge. Peanuts sind die Millionensummen für sie, schätzt Dazert, für die Global players, die mal hier und mal dort investieren und darüber die Menschen vergessen. Für sie war Salamander nicht wichtig, und einer, der behauptet, er lebe und leide für Salamander, störte da nur. Er solle sich doch in sein Haus nach Isny oder auf seinen Bauernhof nach Gestratz zurückziehen, haben sie ihm angeraten, dann hätten alle ihre Ruhe.

Aber den Gefallen hat er ihnen einfach nicht getan. Rastlos ist er durch die Lande gezogen, um Ersatz für die Fahnenflüchtigen zu suchen. Und als er bei Lothar Späth (Jenoptik) gelandet ist, haben alle gedacht, er hätte den richtigen Partner erwischt. Duzfreunde seien sie schließlich, hieß es, und Lurchi wäre eine echte Perle in der Krone des Ex-Ministerpräsidenten, der in seinem Stammland wieder etwas zum Regieren brauche. Ersteres stimmt nun nachweislich nicht, weil sich beide schon vom Typus her fremd sind. Hier der parteilose Dino, dort der christdemokratische Jetset-Hopper. Das zweite war wahr, aber nicht finanzierbar. Späth fehlte schlicht das Geld.

Also hat er weiter gesucht, und ist bei seinen alten Freunden von Voith fündig geworden. Wieviel sie mitbringen, verrät er nicht, und auch auf die Frage, warum er sich seit 25 Jahren für Salamander plage und nicht loslassen kann, bleibt er die Antwort schuldig. Man möge seine Frau fragen, empfiehlt er und lacht wieder wie ein richtiger Spitzbub. Gisela Dazert sagt, er tue es, weil er ein alter Simpl sei.

Sechs Jahre später gibt es Salamander nicht mehr. Aus dem Patriarchen ist ein Pensionär geworden, der gemerkt hat, dass Macht immer an ein Amt gebunden ist.

Franz Josef Dazert träumt immer noch von Salamander. So viel offenbart er. Jetzt ist Lurchi tot, weil ihn einer, der mächtiger war als er, nicht mehr leben lassen wollte. Der Mann heißt Utz Claassen, ist Chef der Energieversorgung Baden-Württemberg (EnBW), die Salamander in der Zwischenzeit gekauft hat. Er zerlegte die Firma und verschleuderte die Teile, weshalb Dazert noch nett ist, wenn er klagt, dieser Mann führe sich auf wie die Axt im Walde. Mehr mag er dazu zunächst nicht sagen. Würde er öffentlich sagen, was er über den eitlen Rambo Claassen denkt, hätte er sofort eine Beleidigungsklage am Hals.

Lieber schlägt der 79-Jährige mit dem Löffel ans Glas und ruft Kundschaft, was man eigentlich nicht tut. Auch nicht, wenn der Fisch, ein Waller, innen noch roh ist. Aber der vitale Herr ist es wohl gewohnt, sofort zu reklamieren, wenn ihm etwas nicht passt. Jedenfalls beeilt sich der Kellner in Isny-Neutrauchburg, den Teller in Demut wegzutragen und den Fisch genießbar wieder zu bringen. Im Allgäu, wo die Menschen im Ruf stehen, rechtschaffen zu sein, erwartet der Gast, ordentlich bedient zu werden.

Der mögenswerte Knorz aus Kornwestheim ist nicht mit seinen Langlaufskiern, sondern mit seinem weißen Mercedes gekommen, dessen Alter ihm entfallen ist. Der Kilometerstand,

Der Patriarch als Privatier, zurückgekehrt ins Land des Fürsten.

460.000, erscheint ihm wichtiger, weil er ein besserer Ausdruck der Solidität des Produkts ist. Er ist ein wenig über Land gefahren, vorbei an den schmucken Kurkliniken des Fürsten Waldburg-Zeil. Die Einrichtungen gehen gut. Sie aufzubauen, sagt Dazert, sei eine weise Entscheidung gewesen. Das gelte auch für Durchlauchts Beteiligung am regionalen Pressewesen. In diesem Bereich werde prächtig verdient, berichtet der promovierte Volkswirt, und wundert sich darüber, dass dies der dünnen Schwäbischen Zeitung gelingt. Am Inhalt, meint Dazert, könne es nicht liegen, aber das störe den adligen Verleger nicht. Aus der Zeit beim Fürsten stammt auch sein Haus, das er in Neutrauchburg am Panoramaweg gebaut hat. Fünf Mark hat er 1961 für den Quadratmeter Boden bezahlt, worauf er ein Gebäude gestellt hat, das man als schmucklos bezeichnen kann. Auch drinnen gibt es nichts, was nach Luxus aussähe. Vielleicht die Suhrkamp-Bände, die von einer Wohnzimmerwand zur anderen reichen, oder, auch hier, ein Druck von HAP Grieshaber. Von dem Reutlinger Künstler erzählt er immer noch gerne,

besonders von dessen Bilderzyklus „Der Basler Totentanz“, in dem der Tod einen Manager aus seinem vergitterten Käfig holt, einen Gefangenen seiner Arbeit.
Dazert kennt die Not, die er erst jetzt in dürren Worten beschreibt. Vielleicht auch, weil sie nicht so ruhmreich ist, wie seine Zeit danach. Er war dabei, bei der Hitlerjugend und der Heimatflak, ist in den Krieg gezogen, hat als Grenadier in den Ardennen gekämpft, und ist im Herbst 1945 aus der Gefangenschaft zurückgekehrt. Im Nachhinein erscheinen ihm die Gräuel wie ein Naturereignis, das über ihn hereingebrochen ist, gegen das „man sich nicht wehren konnte“, auch wenn der Vater dem Zentrum nahestand, und den Juden in der Nachbarschaft nachts heimlich Lebensmittel brachte. Von seinem Elternhaus ist nichts übriggeblieben, eine Bombe hat es weggesprengt, und seine Mutter unter den Trümmern begraben. Doch der Halbwaise hat Glück. Der Pfarrer gibt ihm ein Empfehlungsschreiben mit nach Freiburg, wo er sich bei den Volkswirten als Student bewirbt. Der Nachweis des regelmäßigen Kirchenbesuchs hat damals noch die Tür geöffnet.
Geschichten wie diese freuen ihn, weil sie so rheinisch katholisch sind. Glauben kann für ihn auch vergnüglich sein. Wie aufgeregt kam damals ein junger Pfarrer aus Rottenburg am Neckar nach Schloß Zeil, mit dem dringenden Wunsch, den Fürsten heimsuchen zu wollen. Verborgen unter der Soutane trug er ein Bild von Hildegard Knef bei sich, zeigte es nur kurz her, um es sofort wieder einzustecken, als dürfe es nicht das Licht des Tages erblicken. „Die Sünderin“ hieß der Film, in der die Knef schemenhaft nackt zu sehen war, und deshalb müsse das Teufelswerk sofort gestoppt werden, verlangte der erregte Diener Gottes. Das konnte Durchlaucht zwar nicht richten, aber ansonsten behilflich sein. Mit seiner Fürsorge wurde jener Pfarrer Bischof und später Kardinal. Er heißt Walter Kasper.

Mit Dazert über Salamander zu reden ist ungleich schwieriger. Eigentlich will er lieber schweigen, das Scheitern wegdrängen. Es ist hart für jemanden wie ihn, der baden-württembergische Wirtschaftsgeschichte mitgeschrieben hat, sich einzugestehen, dass er am Ende seiner Möglichkeiten, seines Einflusses angelangt ist. Wenn er früher einen Termin bei Späth, Teufel oder Rogowski brauchte, hat er ihn sofort bekommen. Im vergangenen Jahr, als er um ein Gespräch mit Utz Claassen bat, hat er nur eine Absage erhalten. Ohne Begründung. Früher, das war die Zeit, als er Vorstands- und Aufsichtsratsvorsitzender von Salamander war. Heute fehlt die Firma, und mit ihr ist Dazert verschwunden. „Es ist vorbei“, sagt er, „ich bin out.“ Eine so bittere wie wahre Erkenntnis. 2004 hat er den letzten Versuch unternommen, sein Unternehmen zu retten, und Claassen angeboten, für Salamander Investoren zu bringen. Der Ruf verhallte ungehört, und seitdem erreicht Dazert auch kein Brief und kein Anruf mehr, der ihm als ehemaligem Konzernchef gilt. Die Post werde von der EnBW an den Absender zurückgeschickt, erzählt Dazert, die Vermittlung von Telefonwünschen abgelehnt. Der Patriarch von Kornwestheim ist am Hof des Karlsruher Königs zur unerwünschten Person geworden.

Dazert verbirgt seine Enttäuschung über die Missachtung nicht, aber er ist auch klug genug zu wissen, dass dies die Kehrseite der Macht ist, die er jahrzehntelang ausgeübt und nun verloren hat. „Das Scheitern tut weh“, gesteht er, „aber ich hab’s wenigstens versucht.“ Er meint damit das verletzte Ego, den vergeblichen Einsatz für Lurchi und die schmerzhafte Einsicht, dass er gegen die Claassens dieser Welt keine Chance mehr hat. Sie sind ihm noch fremder geworden. Es wird noch eine Weile dauern, bis er darüber hinweg sein wird. Aber sein Gott wird auch ein wohlgefälliges Auge auf ihn werfen, wenn er der Ludwigsburger Karlshöhe, einer Stiftung für Benachteiligte, unter die Arme greift. Immerhin hat er es geschafft, Eva Köhler, die Gattin des Bundespräsidenten, zur Schirmherrin seines neuen Freundeskreises der Karlshöhe zu machen. Er muss dann nur noch ein Buch wegräumen, das zuvörderst im Regal liegt: den letzten Geschäftsbericht von Salamander.

Der Wallander von Böblingen

Der elfjährige Tobias wird im Oktober 2000 mit 37 Messerstichen getötet. Verdächtigt wird ein Junge, der einen Intelligenzquotienten von 64 hat. Kommissar Peter Kegreiß ermittelt – und geht daran zugrunde.

Manchmal, wenn Peter Kegreiß unter seinem Birnbaum sitzt, sucht er Zuflucht bei einem Kollegen. Dann schlägt er ein Buch von Henning Mankell auf und liest nach, wie Kommissar Kurt Wallander einen Fall gelöst hat. Kegreiß liebt Wallander, den schwedischen Polizisten, der so gar kein Superbulle ist. Verzweifelt ist der Kollege aus dem hohen Norden oft. Immer am Überlegen, ob er nicht aufhören soll, weil er fürchtet, wieder etwas übersehen zu haben. Weil er Angst hat, dem Elend, dem

Ein Superbulle wollte Peter Kegreiß nie sein.

ständigen Wegbegleiter seiner Arbeit, nicht mehr gewachsen zu sein. Und dennoch kehrt er immer wieder zurück, wühlt sich in die Abgründe menschlicher Seelen und fügt sie zu einem Bild, das am Ende den Täter überführt. Manchmal braucht er dazu Jahre. Kegreiß erkennt sich in Wallander wieder. Der Kommissar im Roman, sagt der Echte, sei ein Mensch mit allen Stärken und Schwächen. Der 45-jährige Holzgerlinger ist das auch. Es ist ihm peinlich, wenn er in der Zeitung mit dem Satz zitiert wird: „Wir haben keine Fehler gemacht." Das klingt so selbstherrlich, so unangemessen großkotzig, nach all dem, was passiert ist. Er weiß doch, wie an den Stammtischen im Schönbuch über ihn geredet wird. „Kommissar Fangnix" nennen sie ihn. Die Netten unter ihnen wünschen ihm wenigstens noch den „Kommissar Zufall" zum Gehilfen. Aber mit wünschen ist ihm nicht geholfen.

Am Abend des 30. Oktober 2000, um 22.08 Uhr, wird Tobias am Dörschachweiher gefunden. Es ist ein idyllisches Fleckchen Erde am Ortsrand von Weil im Schönbuch. Ein kleiner schilfbewachsener Stausee, in dem der örtliche Fischerverein Karpfen ausgesetzt hat. Tobias ist nachmittags um 14.30 Uhr zum Angeln aufgebrochen und nicht wieder gekommen. Der elf Jahre alte Junge, 34,5 Kilo leicht und 141 Zentimeter klein, liegt zusammen gekrümmt auf dem Rücken, zwischen seinen Fingern klebt nasses Laub, Blut fliesst ihm aus vielen Wunden. Die Polizei zählt 37 Messerstiche, der Penis ist abgetrennt.

Tobias ist Peter Kegreiß' wichtigster Fall. Er wirft die Maschine an. Die Soko Weiher erhält 50 Beamte, Profiler, Biologen und Mediziner vom Landeskriminalamt, die Gerichtsärzte von Tübingen kommen hinzu, die Fernsehsendung Aktenzeichen XY berichtet. Er veranlaßt den weltweit zweitgrößten Speicheltest mit 18.000 Proben, um die am Tatort vorgefundenen DNA-Spuren abzugleichen. Und er hat einen Verdächtigen. Den

16-jährigen Dennis T. (Name geändert), der genau beschreibt, wie er die Leiche vorgefunden hat.

Aber war das schon ein Geständnis? Reichte das, um ihn zehn Tage später in U-Haft zu nehmen? Der Sonderschüler hat einen Intelligenzquotienten von 64, was einer leichten geistigen Behinderung gleich kommt. Er kann nur mit Mühe einen Satz mit zehn Silben nachsprechen. Wenn ihn der Vater auffordert, einen Eimer Bier zu bringen, füllt ihn der Sohn mit Flaschen. Sein Sohn tue das, was man ihm wörtlich sage, erläutert der Vater, der Lagerarbeiter ist. Schon nach wenigen Minuten kann sich Dennis nicht mehr daran erinnern, was er zuvor erzählt hat. Er ist ein Kind aus einer Trinkerfamilie, in der der Vater die Mutter verprügelt, und der Sohn ihre Schreie durch die dünnen Wände seines Zimmers anhören muss. In den Verhören vermeidet er den direkten Augenkontakt, wenn er nach den schrecklichen Details gefragt wird.

Für die Polizei ist Dennis kein Unbekannter. Wenige Monate vor der Tat erfährt sie, dass der Junge fünf Kinder sexuell missbraucht haben soll. In ihren Akten finden sich Berichte von

Tobias war ein liebenswertes Draußenkind.

Kindern, vor denen er onaniert haben soll, die er gezwungen haben soll, an seinem Geschlechtsteil zu lecken beziehungsweise anal mit ihm zu verkehren. Außerdem habe er einen Hasen so lange hochgeworfen, bis der tot war. Das sei gut für den Kreislauf des Tieres, soll Dennis gesagt haben. Auch Tobias soll er an das Geschlechtsteil gegriffen haben, wogegen sich der Elfjährige gewehrt habe. Daraufhin soll ihn Dennis mit einem Messer bedroht haben.

Das entscheidende Verhör von Dennis findet am 9. November 2000 um 15 Uhr statt. Der Junge sitzt im ersten Stock des Böblinger Polizeihauptquartiers, die beiden Beamten S. und P. verhören ihn, die Videokamera läuft. Er fertigt eine Skizze vom Tatort, zeichnet die Stelle ein, an der er Tobias am Abend getroffen hat. Genau dort haben die Ermittler das Angelhölzchen des Elfjährigen gefunden. Auch dieses Stück zeichnet er exakt mit den ausgefransten Enden auf ein Blatt Papier. Er beschreibt die Lage des Opfers, sein blutiges Gesicht, das Laub zwischen den Fingern. Auf die Frage, ob er Tobias umgebracht hat, antwortet er mit „aus Versehen“. Er spricht von einem Messer, das zu Hause in der Küche liege. Daraufhin fahren Beamte in die Wohnung und bringen das Beweismittel mit. Es ist sauber. Mit kommt auch der Vater von Dennis, der bereits im Eingangsbereich der Kripozentrale brüllt. Sein Sohn hört ihn, weil der Vernehmungsraum offen ist, und widerruft sofort sein Geständnis. Der Rektor und die Klassenlehrerin von Dennis' Schule, die das Video später vorgeführt bekommen, halten das Geständnis für glaubhaft. Der Junge könne einen derartigen Sachverhalt nicht erfinden, urteilen sie. Dazu fehle ihm die Phantasie.

War er der Täter? Selbst sein Anwalt Achim Bächle weiß darauf keine Antwort. Er könne nicht in den Kopf seines Mandanten schauen, sagt er. Der Stuttgarter Strafrechtler hatte den Fall von einem Kollegen aus Weil im Schönbuch übernommen, nachdem sich dieser nicht mehr zum örtlichen Metzger getraut hatte. Einen Mörder verteidige man nicht, warfen ihm Bürger der 9600-Einwohner-Gemeinde vor. Bächle ist weniger schreckhaft. Der 51-jährige Jurist hat schon der RAF-Terroristin Brigitte Mohnhaupt als Pflichtverteidiger beigestanden. Er hat die türkische PKK, den Eiskunstlauftrainer Karel Fajfr, der seine Schützlinge gequält hat, und den Nazimörder Josef Schwammberger anwaltlich vertreten. Ihm sei nichts Menschliches fremd, betont Bächle, und der Rechtsstaat heilig, der alle Menschen schütze. Auch um den jungen Dennis hat er sich gekümmert. Er ist zu ihm in den Knast nach Hechingen gefahren, hat ihm Zigaretten besorgt und lange mit ihm gesprochen. Aber ob er's war? Ob er nur am Dörschachweiher herumgestreunt ist, an jenem Montagnachmittag, und dort die Leiche hat liegen sehen? Bächle zuckt mit den Schultern und sagt, unter bestimmten Umständen könnte jeder von uns zum Mörder werden. Der arme Kerl sei häufig von zu Hause weggewesen, um seinem dominanten Vater zu entfliehen. Schuld oder Unschuld – weder das eine noch das andere sei beweisbar.

Vor 15 Jahren, so viel ist ihm klar, wäre der Junge verurteilt worden. Das Täterwissen, das ihm die Kripo unterstellt, hätte genügt. Aber heute, im Zeitalter feinster DNA-Analysen, scheint er entlastet. Die fremde Blutspur bei Tobias ist nicht seine, und das habe ihn gerettet, erklärt Bächle. Andernfalls hätte er für seinen Mandanten würgen und kämpfen müssen. Dennis wurde am 12. Dezember 2000 aus der U-Haft entlassen, macht inzwischen eine Lehre bei Bosch und ist vor Strafverfolgung sicher. Die Stuttgarter Staatsanwaltschaft arbeitet an der Einstellung des Verfahrens, sie sieht keinen hinreichenden Tatverdacht mehr. Bächle meint, dies gebe dem Jugendlichen die Chance zur Resozialisierung, besser gesagt, zur Sozialisierung.

Und was sagt Kegreiß? Ihm ist der Hauptverdächtige weggebrochen, von dem sie schon ein Geständnis zu haben glaubten. Er weiß, dass er keinen objektiven Beweis gegen ihn hat – und dass er wahrscheinlich auch keinen mehr kriegen wird. Er hat den Jungen verhört, eindringlich aber fair, wie Bächle bestätigt. Verstehen konnte er ihn nicht. „Ich kann nicht nachvollziehen, warum er sich so verhalten hat", bekennt Kegreiß, „ich glaube nur, dass er nicht umsonst eingesperrt war". Doch der Glaube ist nicht gerichtsfest, er spiegelt eher die Ohnmacht wider, im Grenzbereich einer menschlichen Psyche Orientierung zu finden, in der Chaos herrscht. Letztlich war Dennis ein Fall für den Psychiater.

Sie mussten weitersuchen. Nach allen Seiten, wie es im Polizeijargon heißt. Zwei Russen im Mercedes tauchten auf, die sich wenige Tage vor dem Mord nach dem Weiher erkundigten. Sie wurden nie gefunden. Ein 19-jähriger Mann fragte nach dem Grab von Tobias. Kehrte hier womöglich der Täter zurück, wie so häufig in der Kriminalgeschichte? Nein, es war nur ein Schaulustiger, der sich nach der ZDF-Sendung XY als neugieriger Friedhofsbesucher entpuppte. Speichelprobe negativ.

Und wo war das Motiv? Kegreiß weiß nicht, welchen Sinn der Mord für den Täter hatte. „Ständig fragst du nach dem Warum", sagt der Vater zweier Kinder, „und bekommst keine Antwort." Am liebsten hätte er Dennis, so erzählt er einmal, mit nach Hause genommen, gewaschen, etwas Ordentliches angezogen, und dann in Ruhe mit ihm geredet. Dennis ist oft mit offener Hose durchs Dorf geradelt. Sein Beruf zwingt Kegreiß dazu, im Dunkel dieser Gesellschaft herumzustochern, die ihm so haltlos erscheint. Es müsse doch noch Werte in dieser Welt geben, hofft er. So etwas wie Gerechtigkeit, Friedfertigkeit und Solidarität.

Vieles scheint ihm wegzuschwimmen, vieles unbegreiflich wie jener Anwalt, der den Speicheltest aus Datenschutzgründen verweigerte. In einem Rechtsstaat müsse niemand seine Unschuld beweisen, erläuterte der Advokat, bis ihn das Stuttgarter Landgericht dazu zwang. Andererseits waren die Sinti und Roma die Ersten am Ort, die zur DNA-Analyse anrückten. Wohlwissend, dass sie die Ersten sein konnten, die verdächtigt würden. „Manchmal", sagt Kegreiß, „verstehst du die Welt nicht mehr." In solchen Augenblicken voller Zweifel hat er viel geraucht. Zwei Schachteln HB am Tag. Wie sollte er tausende von Puzzlestücken zu einem Bild zusammenfügen, dessen Konturen mehr und mehr verschwanden? Was war geblieben von seinem Ideal vor 29 Jahren, zur Polizei zu gehen, weil sie ihm als Freund und Helfer galt? Das war kein Schmus, das meinte er wirklich so. Wenn er einen 80-jährigen Opa, der hilflos im Wald umhergeirrt ist, den Enkeln zurückgebracht hat, war er einfach glücklich. Skrupel hatte er, als er zu Studentendemos ausgeschickt wurde, mit Helm, Schild und Knüppel. Nie hat er im Freundeskreis darüber gesprochen, nie erzählt, wo er schafft. „Das ist einer, der Studenten zusammenschlägt" – diese Auseinandersetzung wollte er nicht haben. Bevor der Metzgersohn die grüne Uniform angezogen hatte, trug er die Haare schulterlang und ein Peace-Zeichen.

Wie hält ein Zweifler das aus? Diesen grauenhaften Mord, den alle aufgeklärt sehen wollen. Mutter und Vater von Tobias in erster Linie, die Eltern der anderen Weilemer Kinder, der Polizeipräsident, der Justizminister, die Öffentlichkeit. Der Druck wurde größer, mit jedem Tag mehr nach der ruchlosen Tat. „Rollen jetzt Köpfe?" Auch mit dieser Schlagzeile der Bild-Zeitung musste Kegreiß leben, nachdem die erlösende Erfolgsnachricht immer unwahrscheinlicher wurde. Wen interessierte, dass seine Soko 17.000 Überstunden angehäuft hatte? Debattiert wurde oft über die Kosten von 500.000 Euro.

Kegreiß hat es mit Arbeit versucht. „Solange du agierst", meint er, „hast du keine Chance, die Katastrophe an dich heranzulassen“. Nur so glaubt er, die Bilder vom Dörschachweiher verdrängen, die Gefühle ausschalten, der Logik des Verstandes vertrauen zu können. „Sonst“, sagt er, „frisst's dich auf.“ Doch abends nimmt er die Bilder mit nach Hause, wo er über den Fall nicht spricht. Seine Frau und die Kinder sollen unbehelligt bleiben, aber der Schonraum funktioniert nicht, weil ihn das Fernsehen längst durchbrochen hat. „Papa, zeig mir deine Pistole“, verlangt sein Sohn von ihm. Er hat den Vater am Bildschirm entdeckt. Was soll er dem Kind erklären? Dass das nicht wichtig ist und ihm fast das Herz stehen bleibt, wenn sein Bub vor der Haustür unter einem Busch liegt. Bewegungslos. Er hatte Verstecken gespielt, wollte nicht bemerkt werden. Sollte er ihn bitten, nie wieder Verstecken zu spielen? Sein Sohn ist elf, so alt wie Tobias war, als er umgebracht wurde. Es ist die Welt des Verbrechens, die einen wie ihn nie loslässt. In der nichts mehr harmlos ist, der Schrecken hinter jeder Ecke lauert. „Manchmal denke ich“, sagt Peter Kegreiß, „ich lebe in einer anderen Welt.“

Müde sieht er aus, der Kriminalhauptkommissar mit dem grauen Bart, und älter, als er ist. Die Jeans und der offene Hemdkragen machen ihn nicht jünger. 17 Monate haben er und seine Kollegen an dem Fall gearbeitet, um am Ende eine Blutspur zu haben, deren Verursacher sie nicht kennen. Bis zu 16 Stunden am Tag. Nichts wollte er dem Zufall überlassen, nichts ausschließen, – und sei es auch noch so absonderlich. Auf einem der unzähligen Aktenordner im Böblinger Polizeipräsidium steht „Satanismus und Okkultismus“. Es hätte ja ein Ritualmord sein können, letztlich deutete aber nichts darauf hin. Wieder eine Spur weniger. Ist es da verwerflich, ein Zeichen von Schwäche, wenn sich einer fragt: Warst du der Richtige? Hast du dir zu viel aufgebürdet? Bist du ausgebrannt? Brauchst

du eine Auszeit? Sollst du den Bettel hinschmeißen? Hast du Fehler gemacht?
Der Wallander von Böblingen spricht diese Fragen noch ins Offene, schiebt die Antworten mit kleinen Fluchten noch hinaus. In der Stuttgarter Staatsgalerie sucht er Ruhe, beim Betrachten der Blauen Pferde von Franz Marc, die sich stark und entschlossen zeigen, aber mehr dem Himmel als der Erde zugewandt. Oder vor dem Herrenberger Altar des Malers Jerg Ratgeb, dessen Vögel zur Tugend mahnen und vor dem Laster warnen. Es sind kurze Momente des inneren Friedens, die er braucht, um die Kraft zum Weitermachen zu finden. Nein, er will nicht aufgeben. So lange er das Gefühl hat, dass der Täter noch in der Nähe ist, will er weiter ermitteln, die Hoffnung nicht fahren lassen. „Bei Wallander hat's auch immer eine glückliche Wende gegeben", sagt er und lächelt tapfer. Er wird wieder hinaus fahren zum Weiher, wo er tagelang gesessen ist und darüber nachgedacht hat, ob ihm irgendetwas entgangen ist. Den Eltern von Tobias hat er versprochen, den Täter zu finden. So wie es Friedrich Dürrenmatts Kommissar Matthäi getan hat, der über seinem Fall wahnsinnig geworden ist. Jahrelang hat Matthäi nach dem Mörder der kleinen Gritli Moser gefahndet, die nichts zurückgelassen hat außer einer Zeichnung, auf der ein schwarzes Automobil zu sehen war. Darauf kaufte Matthäi eine Tankstelle, um den Unhold anzulocken. Als alter Mann sass er noch dort und schrie: Ich warte, ich warte, er wird kommen, er wird kommen. Der Mörder kam nie.
Die Eltern haben Tobias rote Rosen aufs Grab gelegt. „In Liebe. Mama, Papa und Timo" steht auf der weißen Schleife, die der Herbstwind mit den anderen verschlungen hat. „Wir werden dich nie vergessen", haben die Freunde vom Radsportclub Schönaich auf ihre Schleife unter den gelben Rosen geschrieben, die neben dem Holzkreuz leuchten. Draußen am Dörsch-

achweiher erinnert nur ein verschlammter, muschelbesetzter Motorradrahmen an den Mord. Ihn haben Taucher vom Grund geholt.

Tobias war gerne dort. Das Schild „Betreten auf eigene Gefahr“ musste ihn nicht kümmern, weil er das Gelände kannte. Er war im Anglerverein. Die Eltern haben gedacht, das sei gut für das Kind. Den Köder auswerfen, geduldig warten, bis die Fische anbeißen. Das sollte dem quirligen Kerlchen Ruhe bringen. Tobias war ein Draußenkind, das nichts lieber tat, als mit dem Mountainbike durch den Schönbuch zu strolchen, Lägerle und Dämme bauen. Aufgeweckt und umtriebig sei er gewesen, sagen Nachbarn, er habe sich sehr für Tiere interessiert, erzählen Lehrer. Ein liebenswertes Kind.

Peter Kegreiß hat die Karte von jener Gegend auf seinem Tisch, die man die Pforte zum Schönbuch nennt. Immer wieder wandert sein Finger von Holzgerlingen über Weil im Schönbuch bis nach Dettenhausen. 15 Kilometer Luftlinie vielleicht. Es sei, vergleicht er, als ob man zehn Puzzlespiele auf einen Haufen werfe und daraus ein Bild zu machen versuche. Kegreiß könnte auch Förster sein, mit seinen aufmerksamen Augen, seinem Janker und den grauen Haaren. Bis zu 45 Mütter rufen täglich an und wollen wissen, ob sie ihre Kinder wegsperren oder vor die Tür lassen sollen. Die Kollegen in seiner Soko Weiher hören zu, sichten und puzzeln. 15 Büros hat er in der Böblinger Polizeidirektion für seine Kollegen freigeräumt, keiner scheut Überstunden, geschichtet wird rund um die Uhr. Und wieder wandert sein Finger zwischen Holzgerlingen und Dettenhausen hin und her. Soll heißen: Die Polizei sucht den Mörder dort, wo der Mord geschehen ist. Eine Zufallstat? Nein. Den Ort des furchtbaren Geschehens kennen nur Kundige. Hier trifft man sich nicht zufällig, hier hat man nicht zufällig ein Messer dabei, hier ersticht man niemanden zufällig. Und das spüren die

Weilemer, und deshalb ist der Tod von Tobias auch für sie eine Katastrophe.

Weil im Schönbuch war einmal eine völlig unauffällige Gemeinde, in der man friedlich zusammen lebte, in den zahlreichen Vereinen sang, ins Jagdhorn blies, Fußball, Tennis und Handharmonika oder, wie Tobias' Vater, im Mundarttheater spielte. Zur Arbeit fuhren sie in der Hauptsache zum Daimler oder zu IBM. In der Politik stimmten sie mehrheitlich konservativ, die SPD brachte es auf 22 Mitglieder. Zur Messe gingen sie ins Gotteshaus Sankt Martin, wo der Pietismus seine Heimstatt hatte, und wenn er nicht streng genug war, wichen die gottesfürchtigen Weilemer nach Holzgerlingen aus. Ungewöhnlich war nur der Mitbürger und frühere Musical-König Rolf Deyhle, aufrüttelnd nur die Ermordung der Familie des Daimler-Managers Pfrang im April 2000. Aber das war in China, weit weg. Im Flecken selbst lag die Kriminalitätsrate immer am unteren Ende im Kreis.

Der Tatort: ein idyllisches Fleckchen Erde.

War es einer von uns? Die Frage, die die Zeitungshändlerin am alten Bahnhof stellt, liegt wie ein Albtraum über der Gemeinde. Und sie wirft Gräben auf, die längst zugeschüttet schienen. Ist in der Siedlung „Troppel“ nicht mal mit Drogen gedealt worden? Was machen die Asylanten im Wohnheim? Was ist mit den Zigeunern los, die seit 1836 ansässig sind? Kegreiß erfährt auch davon, wenn seine Beamten zurückkommen und ihre Berichte abliefern. „Im Mittelalter waren's die Juden“, sagt er, „wenn ein Kind gefehlt hat.“ Natürlich kennt er, der Holzgerlinger, auch die Geschichten, die sich um die Nachbarn ranken. Ihre Berühmtheit als Wilderer in den königlich-württembergischen Forsten. Hinter Plattenhardt und Dettenhausen rangierten sie auf Platz drei im Schönbuch, und noch heute ist jedem älteren Weilemer der Spruch geläufig: „Mutter, schmeiß 's Messer ra, i hon Händel.“ Doch Folklore, und sei sie noch so martialisch, ist für Kegreiß nicht erkenntnisleitend. Er wird weiter ermitteln, von morgens um sechs bis nachts um zwölf. Die Spreu vom Weizen trennen nennt er sein Prinzip.
Andreas Brand ist der Bürgermeister. 36 Jahre jung, seit acht Jahren im Amt, und in dieser Zeit war die Welt noch in Ordnung. Heute sieht er seine Gemeinde paralysiert, ihre Straßen wie leer gefegt. Es braucht wenig Fantasie zu ahnen, was in seinem Kopf vorgeht. Im schwarzen Anzug sitzt er in seinem Dienstzimmer, weil er gerade von der Beerdigung des kleinen Tobias gekommen ist. In seiner Trauerrede hat er gesagt, er könne seine Ohnmacht nur schwer in Worte fassen. Er wolle sie, die Eltern, trösten – aber wie? Ob der „unbegreiflichen und sinnlosen Tat“. Er wünsche ihnen, dass sich die „Schatten des Todes lichten und sie wieder Sonne sehen können“. Der junge Schultes ist so hilflos wie jeder im Ort. Wie aber sieht diese Sonne aus, wenn es einer von ihnen war? Der Bürgermeister wagt diesen Gedanken gar nicht zu denken. Noch am Morgen

hat er zwei Brautpaare getraut, die im siebten Himmel schwebten, und jetzt muss er in den Abgrund schauen. Was er dabei fühlt, verschweigt er, weil er sich gegen ein ungläubiges Erwachen wappnen will, weil er weiß, dass seine Gemeinde in ihren Grundfesten erschüttert würde, wäre der Mörder unter ihnen. Die Gesichtslosigkeit des Täters wühlt ihn auf. Was aber ist, wenn er ein bekanntes Gesicht bekommt? Brand tut nun, was er kann. Er bittet die Vereine, die Schulen, die Kindergärten, sich den Rat der Polizei zu Herzen zu nehmen. 400 Kinder verteilen sich allein über seine Kindergärten, ihre Eltern sollen zusammenkommen, um sich von der Polizei erklären zu lassen, wie man sich richtig verhält.

Die Kripo wird den Eltern sagen, dass es keinen Sinn hat, die Kinder einzumauern. Dieter Vollmer, der Präventionsbeauftragte der Polizeidirektion Böblingen, wird ihnen raten, die Wege der Kleinen festzulegen, auf Pünktlichkeit zu achten, in Gruppen zu gehen, und sie nicht mit dem „bösen Fremden“ zu ängstigen. Er wird sie auffordern, ihre Ängste nicht auf die Kinder zu übertragen, und sie lehren, jedem Erwachsenen gegenüber Nein sagen zu können. „Sie müssen die Kinder zu selbstständigen Wesen erziehen“, wird Vollmer vortragen, und Zamboyridis Stavros, der Wirt der Fußballerkneipe von der Spielvereinigung, wird erzählen, dass seine fünfjährige Tochter nur noch durch das halbgeöffnete Fenster mit Besuchern spricht. Vorher ist sie durchs Gelände getollt, 200 Meter von Tobias' Fischweiher entfernt.

Der letzte Besuch führt zum evangelischen Pfarrer. Götz Krusemarck sitzt vor seinem Computer, dem er etwas eingeben soll, was ihm unmöglich erscheint: eine Predigt, die den Menschen Hoffnung macht. 33 Jahre ist er alt, der Absolvent des Tübinger Stifts, und zum ersten Mal hat er seinen Gott gefragt: „Warum konnte das passieren, warum hast du das zugelassen?“ Er habe keine Antwort erhalten, gesteht der junge Seelsorger, dem die Verzweiflung ins Gesicht geschrieben ist. Gerade ein Jahr ist er hier, und jetzt soll er den Weilemern Trost spenden. Er hat es versucht, im gestrigen Gottesdienst, und gepredigt, dass „die Wege Gottes nicht im Tod enden". Weggelassen hat er den so brutalen wie wahren Satz, den er uns mit auf den Heimweg gegeben hat: „Wir sind in der Realität gelandet."

Vier Monate nach dem Mord sucht Peter Kegreiß die Böblinger Asservatenkammer auf. Ein Kollege hat ihn gebeten, nachzuschauen, weil er dort Dinge vorgefunden hat, die ihm unerklärlich sind. In der Kiste von Dennis, auf der „TV" steht, Tatverdächtiger, ist noch der Fingernagelschmutz in kleinen Plastikbehältern aufbewahrt, gesichert am 4. November 2000. Er hätte längst vom Landeskriminalamt (LKA) analysiert werden müssen. Kegreiß, der lange Leiter der Spurensicherung war, wird kreidebleich. Und er wird weiss im Gesicht, als er entdeckt, dass auch die Jeanshose und der blaue Pulli von Dennis noch in der Kiste liegen. Er schickt die Gegenstände zum LKA und muss sich sagen lassen, dass diese Spuren nicht mehr verwertbar sind. Dem Kollegen Kommissar, der jetzt die haarsträubenden Fehler bei den Ermittlungen geißelt, widerspricht er nicht. „Das kann doch nicht wahr sein", stöhnt der Soko-Leiter.

Kegreiß und den Kollegen verbindet Entscheidendes. Sie waren beide überzeugt davon, dass Dennis der Täter war, und beide sind an dem Fall gescheitert. Auch Kegreiß' Kollege gibt keine Ruhe. Er versteht nicht, warum die Spurensicherer so schlampig gearbeitet haben, er kann es sich nur dadurch erklären, dass für sie „das Ding gelaufen war", nachdem Dennis scheinbar gestanden hat. Er beginnt die einzige Spur zu erforschen, die Dennis entlastet hat: der Blutstropfen am Jackensaum und die stecknadelkopfgroßen Spritzer an der Unterhose des Opfers. Sie waren nicht von Dennis. Aber von wem sonst? Kegreiß' Kollege, der 22 Jahre Spuren gesichert hat, hat eine Hypothese. Es können winzige Spritzer von dem Blutfleck auf Tobias' Jacke sein, die der Regen auf die Unterhose versprüht hat. Er hat es selbst versucht, und tatsächlich, es könnte so gewesen sein. Jetzt müssten nur noch die Kinder, mit denen Tobias Umgang hatte, überprüft werden. Zusammen mit Kegreiß formuliert er einen Brief an die Schulen, in dem sie bitten, den in Frage kommenden Kindern eine Speichelprobe entnehmen zu dürfen. Doch dazu kommt es nicht mehr. Am 22. März 2001 leitet die Polizeidirektion Böblingen ein Disziplinarverfahren gegen Kegreiß' Kollegen ein. Begründung: Er habe den ermittelnden Beamten der Kriminaltechnik Fehler bei der Tatortarbeit vorgeworfen. Von sofort an ist der interne Kritiker aus der Soko entfernt. Hinterhergereicht wird ein Strafverfahren wegen des Verdachts des Geheimnisverrats. Der Vorhalt: Er soll das Video von Dennis' Vernehmung an die Presse weiter gereicht haben. Jenes Material wohlgemerkt, das schon viele Augen gesehen haben, bis hin zu Absolventen der Polizeifachschule Villingen-Schwenningen. Kegreiß sagt, der Druck sei zu stark, er könne ihn nicht mehr halten.

Auch vier Jahre später ist die Böblinger Kripo keinen Schritt weiter gekommen. Peter Kegreiß hat sich zur Bereitschaftspolizei versetzen lassen. Aber auch dort ist er nicht zur Ruhe gekommen.

Am 27. Februar 2004, morgens um zehn Uhr, verlässt Peter Kegreiß sein Haus in der Böblinger Ditzenhalde. Er geht zu Fuss. Es ist später als sonst, aber am Abend zuvor hatten sie noch den Schulabschluß gefeiert. Der Kommissar war inzwischen Lehrer bei der Bereitschaftspolizei (Bepo) geworden, weil er Abstand brauchte und das quälende Suchen nach dem Mörder von Tobias, das für ihn ein Scheitern war, aufgeben wollte. Kegreiß war der beliebteste Lehrer und es war ein fröhlicher Abend. Den Kollegen berichtet er, dass er die Erbpacht von seinem Haus abgelöst, einen neuen Anzug gekauft und den Urlaub gebucht hat. Auf die Frage, wie es ihm geht, antwortet er: wunderbar.

In seinem Dienstzimmer setzt er sich an den Schreibtisch und verfaßt einen letzten Text. Er ist alleine, weil die anderen Polizisten bei der Verabschiedung von Kollegen sind, die in den Ruhestand gehen. Kegreiß schreibt, dass er keine Kraft mehr zum Leben habe, und erhebt massive Vorwürfe gegen die Polizei, die ihm nicht genügend Unterstützung habe zuteil werden lassen. Seine Vorgesetzten werden das später bestreiten und behaupten, er habe keinen Bezug auf den Mordfall Tobias genommen. Er schließt sein Waffenfach auf, holt die Walther heraus, geht in die Dusche und schießt sich in den Kopf. Nichts muss neu tapeziert werden, kein neuer Teppich muss verlegt werden, alles abspritzen, fertig. Bei Selbstmördern, die sich zu Hause umgebracht haben, hat er immer gefragt, warum sie all das ihren Angehörigen nicht ersparen konnten. Um 14 Uhr wird seine Leiche entdeckt.

Der Leiter der Bereitschaftspolizei sucht nach Gründen und bleibt im Ungefähren hängen, weil der „Superkumpel" nie über sein Seelenleben gesprochen hat. Es gab Abende, erinnert er sich, da konnte der Peter ein ganzes Lokal unterhalten, Tage, an denen er brummig war wie der „Bulle von Tölz", Morgen, an denen er mit eingezogenen Schultern zum Dienst erschien. Der Peter hätte früher von der Kripo weg müssen, sagt sein Vorgesetzter. Kegreiß hat es versucht. Mitte der 90er-Jahre ist er zum Erkennungsdienst gewechselt, als er zum ersten Mal im roten Bereich war. Aber in der Hierarchie ist das ein Abstieg. Der Spurensicherer arbeitet auf Anweisung, der Kommissar erteilt sie. Kegreiß begibt sich in Therapie, bricht sie jedoch bald ab, nachdem er genug gelernt zu haben glaubt. Nicht für sich, sondern für die anderen, denen er die Erkenntnisse weiter geben kann. Sagt er. Er kehrt zur Kripo zurück und hat fortan ein rotblinkendes Spielzeug auf dem Schreibtisch. Ob er's nicht abschalten könne, fragt ein Kollege, das mache einen verrückt. Er sei es schon, antwortet Kegreiß. Der Bepo-Chef meint, dem Freund habe die professionelle Distanz gefehlt. Er habe sich die Schicksale der Opfer zu eigen gemacht, insbesondere jenes von Tobias, den Fall seines Lebens. Darüber sei er wohl nicht hinweg gekommen. Nein, die Waffe habe er ihm nicht abnehmen wollen. Das sei das Schlimmste, was man einem Polizisten antun könne.

Joachim Kepplinger hat den Tod des Kommissars untersucht. Über seinem Bericht steht: Er war ein außergewöhnlicher Mensch. Der Psychologe an der Akademie der Polizei in Freiburg kann die Unterscheidung treffen, weil er Vergleiche hat: Zehn Selbstmorde bei den baden-württembergischen Ordnungshütern allein im Jahr 2004. Für ihn war Kegreiß manischdepressiv, verstrickt in das Netz von Opfern und Tätern, das er

Als Kommissar Fangnix haben sie Peter Kegreiß verspottet.

nicht zerreißen konnte, gefangen in der eigenen Sprachlosigkeit, die Gefühle nicht nach außen dringen lässt. Es sei frappierend gewesen, sagt Kepplinger, wie wenig die Kollegen über einen der ihren wussten, den sie zu kennen glaubten. Experten sprechen in diesem Zusammenhang von dem „John Wayne Syndrom", das nur den unverletzbaren Superpolizisten zulässt, und jede Schwäche, jeden Hilferuf als unmännlich bewertet. In der Welt der uniformierten Machos, der er nie sein wollte, von der er sich aber auch nicht frei machen konnte, blieb Kegreiß ein Grenzgänger. Er wäre nicht zu retten gewesen, bilanziert der Psychologe.

Am 3. März 2004 geben Hunderte von Kollegen Peter Kegreiß das letzte Geleit auf dem Böblinger Waldfriedhof. Der Sarg neben dem Altar versinkt in einem Meer von Blumen und Blütenblättern. Eine der Schleifen an den vielen Kränzen trägt die Aufschrift: „Für mich lebst du weiter". Sie ist von seiner Frau. Die Pfarrerin der Christusgemeinde, an der Kegreiß Konfirmanden unterrichtet hat, versucht Trost zu spenden. Sie zitiert aus dem Römerbrief und aus Jesaia: „Eure Gedanken sind nicht meine Gedanken, meine Wege sind nicht Eure Wege". Peter Kegreiß sei ein Mensch gewesen, der auf andere zugegangen sei – auf seine Weise. I did it my way. Das Lied von Frank Sinatra wird zum Abschied gespielt.

Das Nachspiel. Im Januar 2006 besuchen wir Achim Bächle, den Anwalt von Dennis, der seinem Vater zufolge inzwischen eine Gärtnerlehre machen soll. Bächle erzählt, dass Kegreiß' Kollege am 5. März 2001 bei ihm in der Kanzlei war und davon berichtet habe, wie er die Entlastung seines Mandanten angreifen könne. Mittels seiner Hypothese der Blutübertragung durch den Regen. Der Stuttgarter Strafverteidiger hat sie für nachvollziehbar und gefährlich für seinen Mandanten gehalten – und den Kommissar rausgeschossen, wie er meint. Dazu genügte ein Schreiben an die Polizeidirektion Böblingen, in dem er ihm vorwarf, Absprachen nicht eingehalten zu haben, wodurch das Vertrauensverhältnis zerstört worden sei.

Der Ex-Kommissar ist Peter Jäschke, 51 Jahre alt, monatelang wegen schwerer Herzrhythmusstörungen in Behandlung gewesen, und mittlerweile im Vorruhestand. Die Verfahren gegen ihn sind eingestellt. Er lebt auf einem Bauernhof im schwäbischen Wald und leidet immer noch unter dem Trauma Tobias. „Der Fall lässt mich bis heute nicht los", bekennt er, „aber ich darf dazu nichts sagen". Sonst habe er erneut mit einem Disziplinar- und Strafverfahren zu rechnen. Jäschke wünscht sich beim Abschied nur eines: dass die Staatsanwaltschaft die Akte noch einmal aufschlägt, einen Indizienprozess gegen Dennis führt, und Peter Kegreiß Recht bekommt. Wenigstens im Nachhinein.

Der Diktator hinter blauem Glas

Die LVA. Mit dem Kürzel können wenige etwas anfangen, und dennoch sind 3,2 Millionen Baden-Württemberger dabei. Bei der Landesversicherungsanstalt, die über Krankenhaus, Kur oder Rente entscheidet. An ihrer Spitze stand Jürgen Schneider, ein gefürchteter Diktator, der erst gehen musste, als er es mit der Korruption übertrieben hat.

Der Pförtner in der blau verspiegelten Hauptverwaltung weiß, was er zu tun hat. Er zieht sich eine dunkelblaue Weste über das Sommerhemd, weil das einfach zur Etikette gehört, wie er sagt, wenn er einen Besucher zu Jürgen Schneider führt. Der ist Erster Direktor, ein schmaler, weißhaariger Herr im grauen Anzug, der eigentlich keinen Furcht erregenden Eindruck macht. Der 60-Jährige ist freundlich, wenn auch leidend, was weniger an seinen Kreuzschmerzen liegt als an dem massiven Korruptionsverdacht, der auf der öffentlich-rechtlichen Anstalt lastet. „Die Enttäuschten wollen meinen Kopf“, klagt er, „das schlaucht mich ungemein.“ Er ahnt die Konsequenzen des Verdachts. Es bleibt immer etwas hängen. Das Gespräch im Sommer 2001 verläuft in ruhigen, sachlichen Bahnen. Später wird er notieren, dass es für ihn verheerend war.

Für Schneider ist das eine neue Erfahrung, weil er in der Behörde bisher unantastbar war. Sein Wort war Gesetz, seine Macht schier grenzenlos, sein Ruf untadelig. Letzteres behauptet zumindest Rainer Bliesener. Der ist Vorstandsvorsitzender der LVA, also Schneiders Chef. Im Hauptberuf steht Bliesener dem Deutschen Gewerkschaftsbund (DGB) im Land vor, als

Vater sorgt er auch für seine Familie. Seine Tochter hatte er vorübergehend als Praktikantin in der LVA-Bauabteilung untergebracht. Doch das fein austarierte Gefüge ist durcheinander geraten, seit ein 46-seitiges Gutachten in der Zentrale in Stuttgart-Freiberg liegt. Es belastet Schneider stark. Geschrieben hat es der Würzburger Strafrechtler Professor Ulrich Sieber, dem das Zusammentragen von Fakten nicht fremd sein dürfte. Er arbeitet auch noch für hoch sensible Regierungsstellen. Sieber hatte es angefertigt, nachdem sein Bruder Gerhard, der leitender Arzt bei der LVA war, von Schneider gekündigt wurde. Gerhard Sieber hatte sich mit seinem Vorgesetzten darüber zerstritten, wer über Rehamaßnahmen und Klinikbelegung entscheidet. Der Mediziner oder der Beamte. Schneider war für den Beamten. Insofern ist es eine parteiische Expertise und dennoch ein Sprengsatz, weil sie auf den Aussagen hochrangiger Mitarbeiter beruht, die noch im Dienst sind oder ihn quittiert haben, schriftlich dokumentiert und mit vollem Namen unterschrieben. Entstanden ist daraus ein Dokument, das nicht dadurch besticht, dass es Bestechlichkeit in Millionenhöhe enthüllt, sondern die alltägliche Korruption, die sich in einer Filzwirtschaft einstellt, in der eine Hand die andere wäscht.
In der Thermalbad Bad Buchau Betriebs GmbH, einer von der LVA kontrollierten Privatfirma, saß und sitzt die Garde einstiger Gewerkschaftsgrößen, die allesamt Aufsichtsgremien der Landesversicherungsanstalt angehört haben: Eugen Loderer, Günter Erlewein, Lothar Zimmermann, Karl Schwab. Sie waren und sind mit einer Stammeinlage von je 10.000 Mark dabei. Schön waren die Reisen, die sie nach St. Petersburg, Sizilien und Finnland unternommen haben. Das Reisebüro war angewiesen, Fünf-Sterne-Standard zu gewährleisten, inklusive Betreuung für die Ehefrauen. Kostenpunkt bis zu 100.000 Mark. Er habe sich immer gewundert, staunt noch heute ein Teilnehmer, wie

viel die Leute essen und trinken konnten. Nur der frühere DGB-Chef Siegfried Pommerenke hat jedesmal dankend abgelehnt, nachdem er es „politisch gewichtet“ habe, wie Schneider meint. Aber Lustreisen seien es nicht gewesen, schließlich habe man mehr Programm absolviert als mancher Gemeinderat, der im Ausland Kläranlagen inspiziere. Außerdem habe er später Eigenbeteiligungen bis zu 1900 Mark verlangt. Andere Quellen sprechen von maximal 650 Mark.

Im Forschungsinstitut für Rehabilitationsmedizin an der Universität Ulm, einer Stiftung von LVA und den Kliniken des Fürsten Waldburg-Zeil, finden sich ebenfalls alte Bekannte wieder. Im Vorstand Jürgen Schneider und Rainer Bliesener sowie Ministerialdirektor Otto Tatzel, der im Sozialministerium dafür sorgen sollte, dass bei der Landesversicherungsanstalt alles mit rechten Dingen zugeht. Die fürstlichen Kliniken wiederum sind auf Schneider-Patienten angewiesen, wofür sich Durchlaucht auf seinem Schloss Zeil mit Festmahlen erkenntlich zeigte. Die Herren kamen gern. Ärzte innerhalb der LVA halten das Institut

Sein Wort war Befehl:
Jürgen Schneider.

für völlig überflüssig, ihr Vorgesetzter bewertet es als sehr angesehen und stellt dafür 320.000 Mark in den Haushaltsplan. Der Erste Direktor spricht in diesem Zusammenhang von seinem Beziehungsgeflecht und nicht von daraus resultierenden Problemen. Er sei frei von Schuld, sagt er, die Probleme machten jene, die aus „reiner Rache" handelten. Nein, Jürgen Schneider findet nichts Anstößiges an dem Filz. Einem wie ihm, der seit 1973 für die LVA rackert, von 1987 an als stellvertretender Geschäftsführer, von 1996 an als Chef, der aus seinem Unternehmen die größte LVA Deutschlands mit 3,2 Millionen Versicherten, einem Etat von 37,6 Milliarden Mark und 5000 Mitarbeitern gemacht hat, der dafür vergleichsweise bescheiden (15.000 Mark im Monat) entlohnt wird, dem erscheint das als selbstverständlich und normal.

Wenn er nicht wüsste, dass ihn die Affäre den Kopf kosten kann, würde er zum business as usual übergehen. Doch jetzt muss er sich durch Akten wühlen, Beweise auftreiben, Argumente finden, welche die Vorwürfe entkräften. Allein in Bad Buchau seien 20.000 Belege gesichtet worden, berichtet er, weil so vieles ungeklärt im Raum steht – „das stört das Tagesgeschäft". Was war nun mit den Weinkisten, die ihm geschenkt und den ehrenamtlichen LVA-Aufsehern in Bad Buchau in die Kofferräume geladen worden sind? Im Wert bis zu 90 Mark, räumt Schneider ein, das sei wohl nicht verwerflich, auf jeden Fall angemessener als die 50 Mark teuren Bildbände des World Wide Fund for Nature, die wenig Anklang fanden. Die Damen und Herren der Selbstverwaltung, egal, ob es die Arbeitgeber- oder Arbeitnehmerbank war, hat er stets gut behandelt. „Mir hat er schon von weitem zugewinkt", erzählt eine Gewerkschafterin.

Was war mit den Fahrtkosten, die er sich in Buchau bar auszahlen ließ, im Umschlag aufs Zimmer gebracht? Alles korrekt, sagt er, nie doppelt abgerechnet. Aber fürderhin werde er auf

Überweisungen umstellen. Was war mit den Fenstern, Fliesen und Möbeln, die angeblich bei Klinikbestellungen für sein Privathaus abgezweigt wurden? Nichts, so Schneider. Für die Fenster gebe es beglichene Rechnungen, für die Fliesen keinen Nachforschungsgrund, weil er schlicht keine aus Buchau habe, wie der hauseigene Korruptionsbeauftragte ermittelt habe. Selbst unter den Teppichboden habe sein Regierungsdirektor Wagner geguckt, betont Schneider, und dabei genauso wenig Belastendes entdeckt wie in allen anderen Fällen.

Für sich gesehen sind das alles Peanuts, Kleinigkeiten. Dinge, die einem einfach zustehen. Doch die Summierung ergibt ein Prinzip, das ein bezeichnendes Licht auf ein (Gesundheits-) System wirft, in dem Abhängigkeiten offene Begehrlichkeiten wecken.

Schneiders Stellvertreter ist Hubert Seiter. In seinem Zimmer hängt ein Plakat der Grünen an der Wand, das, so sagt der 50-jährige Marathonläufer, ihm als Schutz diene. „Die Würde des Menschen ist kein Konjunktiv", ist darauf zu lesen, und das halte viele Besucher davon ab, ihm unsittliche Anträge zu machen. Die Emissäre der Kliniken etwa, deren Existenz von der Belegungssteuerung der LVA abhängig ist. 3000 Mark für ein fixes Referat würden ohne weiteres ausgelobt. Will sagen: der Stellvertreter hat ein Gespür für den Filz, das ihn dann auch zu bemerkenswerten Aussagen treibt. Er lobt zunächst den Chef als hoch erfolgreichen Macher und bekennt dann, dass ihn die Luxusreisen auch gestört haben, dass die Bauabteilung eben einmal Stopp sagen müsse, wenn ein DGB-Fürst seine Tochter versorgen wolle, dass die Führungskräfte eben auch mal dagegenhalten müssten. Das klingt gut, wird aber kaum umsetzbar sein bei einem Vorgesetzten, der sich im (verlorenen) Arbeitsgerichtsprozess gegen Sieber vom Richter hat vorhalten lassen müssen, eine Verwaltung im 20. Jahrhundert sei nicht „nach dem allenfalls in Soldatenkreisen angebrachten Prinzip von Befehl und Gehorsam“ zu führen. Gegen einen Machtmenschen, den selbst Seiter als „manchmal überhart“ beschreibt, ist schwer aufzumucken.

Das Schicksal des Gerhard Bleicher, des Sohnes des legendären Arbeiterführers Willy Bleicher, mag dafür nicht repräsentativ sein, es ist aber aufschlussreich. Mit 54 Jahren ist der ehemalige Büroleiter der ärztlichen Abteilung in den Vorruhestand gegangen, der Not einer schweren Herzkrankheit gehorchend. In einem Brief schreibt er: „Ich wollte dies im Grunde so nicht, zumal ich von den 35 Jahren in der LVA 33 Jahre gerne gearbeitet habe. Aber so wie ich unter dieser Schreckensherrschaft des Diktators Schneider fertig gemacht worden bin, menschlich und gesundheitlich, glaube ich, ist es das Beste für mich. Nachdem ich jetzt weiß und zu begreifen beginne, dass ich dem entronnen bin, hoffe ich, dass sich mein Gesundheitszustand stabilisiert und ich wieder ohne Angst und Albträume leben kann.“ Bleicher ist im April 2000 ausgeschieden. Schneider sagt, Bleicher sei fachlich überfordert gewesen.

Auch dieser Brief ist, neben allen anderen Vorwürfen, dem LVA-Vorstand bekannt – seit September 2000. Was ist passiert? Der bereits erwähnte LVA-Korruptionsbeauftragte hat sich zusammen mit einem Rechtsanwalt, der für die Buchauer Klinikbetriebe tätig war, daran gemacht, gegen seinen Chef zu ermitteln. Sein Abschlussbericht vom 14. Dezember 2000 kommt zu folgendem Ergebnis: „In keinem der mit Blick auf einen Korruptionsverdacht behaupteten Sachverhalte haben sich objektive Erkenntnisse ergeben, die ihn stützen, weder für die Zeit, zu der sie behauptet sind, noch für die Folgezeit. Es besteht demnach keinerlei Handlungsbedarf.“ Damit war die Affäre auch für den LVA-Vorstand vom Tisch. In einem Brief vom 18. Dezember 2000 an Sozialminister Friedhelm Repnik schließen sich der Vorsitzende Bliesener und sein Stellvertreter Helmut Rapp vorbehaltlos dem Bericht an. Sie zeigen sich überzeugt, dass alle Vorwürfe widerlegt sind. Mit ihrer uneingeschränkten Ehrenerklärung bestätigen sie den untadeligen Ruf Schneiders und erklären den Versuch, seinen weiteren Aufstieg mit „niederträchtigen Methoden" zu verhindern, für gescheitert. Der Reingewaschene soll Boss der Landesversicherungsanstalten von Württemberg und Baden werden, die im Januar 2001 fusionieren. Sozialminister Friedhelm Repnik schließt sich dem Urteil an, Schneider kann seinen Job antreten. Seine erste Frage an die Sekretärinnen ist: wo sind die Blumen?

Doch alle haben ihre Rechnung ohne einen couragierten Beamten gemacht. Im Sozialministerium ist nicht mehr jener Otto Tatzel zuständig, der so gerne mitgetafelt hat, sondern Manfred Zach. Der frühere Personalchef Repniks war nun der Leiter der Abteilung, die sich längst mit dem Filz hätte ernsthaft beschäftigen müssen. Als Exsprecher des Traumschiffreisenden Lothar Späth und Buchautor („Monrepos oder Die Kälte der Macht") brachte er hilfreiche Erfahrungen mit. Als intimer Kenner politischer Seilschaften und Deformationen hatte er ein Gespür für die Verführbarkeit durch Macht. Als erstes schickte er die hauseigenen Fahnder aus.

Ein Jahr später, im Juni 2002, legt das Sozialministerium seinen Prüfbericht vor. Das Sieber-Gutachten, das der LVA-Vorstand einst vom Tisch gewischt hat, wird nicht nur bestätigt, sondern weit übertroffen.

Die Federsee-Klinik in Bad Buchau war Jürgen Schneiders Paradies. Wenn der Erste Direktor über die Anstalt am Moor sprach, nannte er sie gerne sein Paradekind, zu dem er eine besondere Affinität habe. Das hatte zum einen damit zu tun, dass

es der Klinik prächtig ging, sie ihm nicht auf der Tasche lag, wie er sich auszudrücken pflegte. Zum andern hing es auch damit zusammen, dass sich der Herr dort so wohl fühlte wie nirgendwo sonst. Wenn Doktor Schneider aus Stuttgart anreiste, war alles gerichtet. Ein Blumengebinde auf dem ständig reservierten Zimmer 445 war Standard, der Neippberger Rote ebenso. Der Koch hatte den bevorzugten Federsee-Waller auf dem Herd, die Kellnerin die heiße Milch im Kännchen, die Schneider neben dem Müsli zum Frühstück verlangte. „Der hat gelebt wie Gott in Frankreich", erinnert sich eine Büfettdame, die ihren Namen lieber nicht geschrieben sieht. Das ganze Personal habe gezittert, sagt sie, wenn der „Diktator" im Hause war.
Und das war er oft. Allein im Jahr 1999 mindestens 54 Mal – privat. Mal mit Gattin, mal mit seinem Filius, der sich von Papas Fahrer auch schon mal gerne in die Schule kutschieren ließ. Auch die Mutter blieb nicht unversorgt. Zu ihrem 80. Geburtstag fuhr der Wirtschaftsleiter ein Sieben-Gänge-Menü für 50 Gäste auf, dem Wunsch des Sohnes entsprechend, der ihr etwas ganz Besonderes bieten wollte. Die Abende mit dem Lions Club und der akademischen Verbindung Cheruskia seien etwas bescheidener ausgefallen, berichtet der Wirtschaftsleiter. All die Lustbarkeiten wären dem Gast vergönnt gewesen, wenn er sie ordentlich beglichen hätte. Hat er aber nicht. Egal, ob es die Zimmermiete (122 Mark statt 367), die Vollpension (31 Mark statt 96) oder die Exklusivverköstigung war, Schneider zahlte in aller Regel höchstens ein Drittel des tatsächlichen Preises. Wohlgemerkt in einer Einrichtung, die von den Geldern der Versicherten lebt. Dass er daneben seine dienstlichen Übernachtungen auch noch gegenüber der LVA abrechnete, Fahrtkosten doppelt kassierte sowie Geschenke aller Art annahm und Teile davon erst zurückzahlte, als die Stuttgarter Zeitung erstmals darüber berichtete, passt in das Bild. Privilegien,

so sieht es aus, hat Jürgen Schneider wie selbstverständlich eingefordert.

Dass er sich dabei über Regeln hinwegsetzte, die er selbst unterschrieben hat, besagt ein Weiteres: Schneider hielt sich für unverletzlich und quasi exterritorial. So verschickte er am 17. Mai 1999 einen Brief an alle LVA-Abteilungen, in dem er das „grundsätzliche Verbot zur Annahme von Belohnungen und Geschenken" hervorhob und die Beschäftigten verpflichtete, jeden Versuch der Bestechung „unverzüglich" den Vorgesetzten zu melden. Erlaubt seien nur „einfache Massenwerbeartikel" wie Kugelschreiber und Kalender.

Zehn Monate lang haben die Kontrolleure die Buchauer Verwaltung gefilzt, mehr als 160.000 Quittungen aus zehn zurückliegenden Jahren geprüft und dabei sonderbare Dinge zu Gesicht bekommen. Unter dem Punkt „Allgemeine Geschenke und Zuwendungen" fanden sie einen Krawattenhalter für 199 Mark, einen Geschenkkorb für 169,16 und einen begehbaren Weinkühlschrank für 10.440 Mark. Für das gute Stück soll er 7400 Mark bezahlt haben, bar auf die Hand einer Mitarbeiterin, die das Geld an die Moorheilbad GmbH überwiesen haben will. An Schneider überreichte Modelleisenbahnen wurden unter Bürobedarf verbucht, Siphon-Füllungen Bier unter Kleinreparaturen. Die größeren Brocken folgen im Kapitel Nachtragshaushalt der LVA Württemberg 1999. Dabei geht es um 3,85 Millionen Mark für Baumaßnahmen, die die LVA für das oberschwäbische Moorbad übrig hatte, obwohl die Buchauer keinen konkreten Bau- und Finanzierungsplan vorgelegt hatten. Wozu auch? Sie brauchten das Geld nicht, sondern bunkerten es bei der Landesbank Baden-Württemberg. Zinsgewinn: 103.163,19 Mark. Wer einmal versucht hat, bei der Anstalt eine Kur zu beantragen, weiß, wie viel Atteste er vorzulegen hat.

Was die Prüfer nicht zu Gesicht bekommen haben, das war der größte Teil der Bonbücher, über die die Essensausgabe abgerechnet wurde. Sprich die gesamten Aufwendungen für die Schneiderschen Feste, Einladungen und Treffen mit dem Landrat, den Verbindungsbrüdern und Geschäftsfreunden. Allein diese Beträge, von denen jede Spur fehlt, sind nach Auskunft der Bediensteten in den fünfstelligen Bereich gegangen. Zu ihrem Erstaunen mussten die Fahnder feststellen, dass von den mindestens 50 Bonbüchern, die zehn Jahre hätten aufbewahrt werden müssen, gerade noch zwei aus dem Jahr 2000 vorhanden waren. Sie seien, so hieß es bei der Geschäftsleitung, beim Umzug abhanden gekommen. Für das Personal ein völlig unverständlicher Vorgang, weil die himmelblauen Bände in einem Raum verwahrt wurden, zusammen mit dem Hutschenreuther-Geschirr für die Festessen, zu dem nur ausgewählte Personen der Chefetage Zugang hatten. Kein Wunder, wenn die Beamten am Ende ihrer Sisyphusarbeit zu dem Schluss kommen, dass sie den Buchauer Selbstbedienungsladen nicht erschöpfend ausleuchten konnten. Das übernimmt nun der Staatsanwalt.

Jürgen Schneider weiß, dass das sein Ende ist. Er sei, sagt er, kein Stehaufmännchen wie Gerhard Mayer-Vorfelder, der alle Skandale überlebt hat. Im Grunde bewegt ihn nur noch die Frage, wie er einen „halbwegs anständigen Abgang“ hinkriegt. Auf seiner Sondersitzung am 17. Juni 2002 beschließt der LVA-Vorstand, Jürgen Schneider von seinen Dienstgeschäften freizustellen. Die Korruptionsvorwürfe seien „nicht zu negieren“, heißt es und man frage sich, wie ein Mensch in dieser Position „so etwas tun kann?“ Der Vorstand seinerseits habe sich keine Vorhaltungen zu machen, er habe „so schnell wie möglich gehandelt“. Am 30. November wird Schneider in den Zwangsruhestand geschickt, nachdem er das Maximale an Pension herausgeholt hat. Sein Hüftleiden, begründet er, lasse keine längere Amtszeit zu. Die Entlassungsurkunde überbringt ihm sein Stellvertreter Seiter.

Der Böse ist immer der Gärtner

Wer reich ist, kann arm dran sein. Edith Mühlschlegel ist so ein Fall. Die greise Millionärin wird ein großes Vermögen vererben, was ihr das Leben nicht leichter macht. Im Gegenteil: die Geier umkreisen sie.

So winzig und so verloren. Man sieht sie kaum, die 90-jährige Frau in ihrem großen Sessel, inmitten eines Wohnzimmers, in dem Ölgemälde, dunkle Regale und die schwarze Hündin Tara die ganze Aufmerksamkeit auf sich ziehen. Nur die roten Haare der alten Frau leuchten und manchmal ihre Augen, wenn sie von Otto erzählt, ihrem Mann. Er hat die Himbeeren so gemocht, die es heute auf dem Kuchen gibt. Gereicht wird der Kuchen von einer polnischen Pflegekraft. Seit ihrem Schlaganfall im August 2002 ist Edith Mühlschlegel auf den Rollstuhl angewiesen.

Ihr Mann war ein erfolgreicher Unternehmer, der viel Geld verdient hat mit Scheibenwischern, bis er die Firma 1960 an Bosch verkauft hat. Der Stuttgarter Konzern führte jetzt die Geschäfte im badischen Bühlertal, und der Privatier war richtig reich. Er zog der Steuern wegen nach Sonvico im schweizerischen Tessin, in eine Villa, die er Casa Romita nannte, oberhalb von Lugano, in die Nachbarschaft von Kaufhauskönig Horten, wo er sich nie heimisch fühlte. Das Dolce Vita war seine Sache nicht, die Angestellten waren ihm zu faul und seine Gattin kaufte zu viele und zu teure Klamotten in Lugano. Der knurrige Patriarch war sparsam bis zum Geiz, aß am liebsten Müsli, fuhr Opel statt Mercedes, ließ Essensreste einpacken und befand, er müsse etwas Wohltätiges für andere tun. Nach 20 Jahren kehrte er nach Baden-Baden zurück und gründete die Otto-Mühlschlegel-Stiftung, die vornehmlich Altenheime unterstützte. Ihr Vermögensstand heute: 40 Millionen Euro. 1995 starb er im Alter von 95 Jahren. An seinem Grab auf dem Stuttgarter Waldfriedhof wurde gesagt, er sei ein großer Mensch gewesen, wie Robert Bosch, auch in der Haltung. Beide hätten besser befehlen als gehorchen können. Von da an war die kleine Frau alleine. Alleine in der weitläufigen Villa im Baden-Badener Nobelvorort Ebersteinburg.

Fürs Geschäftliche war ihr unter anderen der treu ergebene Prokurist ihres Gatten, Max Diebold, geblieben. Er kümmerte sich um die Stiftung, war da, wenn es galt, die Dinge in den Seniorenhäusern am Stuttgarter Killesberg, in Bühlertal oder in Weinstadt zu regeln, manchmal in ihrem Sinne, manchmal auch nicht. Er war es, der die „liebe, verehrte" Frau Mühlschlegel drängte, das Lebenswerk ihres Mannes in festere Hände zu legen – in jene der Robert Bosch Stiftung. Und so geschah es. Am 15. Dezember 2000 unterzeichneten Edith Mühlschlegel und Bosch-Geschäftsführer Ulrich Bopp eine Vereinbarung, in der er sich verpflichtete, die Stiftung in ihrem Sinne weiterzuführen. So weit war alles gerichtet, alle waren zufrieden, bis die greise Dame zwei Jahre später einen Entschluss fasste, von dem man nicht weiß, inwieweit er ihr eigener war: Sie verlangte die Stiftung zurück. Sie könne nicht erkennen, teilte sie am 5. November 2002 mit, dass die Bosch-Stiftung den sozialen Auftrag besser erfülle als die alte Stiftung, und verwies auf die 1676 Hektar Wald in South Carolina, die aus dem Stiftungsvermögen verkauft werden sollten. Ihr Mann habe sehr an dem Wald gehangen, sagt Edith Mühlschlegel, „das hätte er nie gewollt".

Man spürt, wie viel Kraft sie das Sprechen kostet, man sieht, wie sie sich freut, wenn ihr ein Lächeln sagt, dass sie verstanden wird. Wach ist sie, ja, aber hoffnungslos überfordert von dem, was über sie hereingebrochen ist. „Jetzt sitze ich in der Patsche", flüstert sie und guckt dabei ganz verschwörerisch. Und dabei ist sie von dieser verletzlichen Zartheit, die nur erahnen lässt, wie viel Energie sie einmal gehabt haben muss.

Der Streit um die Stiftung ist längst nicht mehr ihrer. Er ist der Paukboden von Bankern, Liquidatoren und Anwälten, die sich wechselweise ein unwürdiges Spiel und emotionale Rundumschläge vorwerfen, die Abberufung von diesem und jenem Mühlschlegel-Stiftungsherrn verlangen und sich darüber empören, dass die alte Dame von der jeweils anderen Seite zum Spielball ihrer Interessen gemacht wird. Ausgetragen wird der Streit vor dem Stuttgarter Landgericht, das freilich bisher wenig Neigung gezeigt hat, die Stiftungsübergabe zu revidieren. Allein auch deshalb nicht, weil so etwas noch nie vorgekommen ist.

Edith Mühlschlegel, gefangen im goldenen Käfig.

Jede Partei hat dabei ihren Schurken ausgespäht. Der eine ist der Prokurist, der andere der Gärtner. Und das geht so: Max Diebold soll Frau Mühlschlegel mit hinterhältigen Mitteln in die Bosch-Stiftung getrieben haben, um dort eine „große Nummer" zu sein. So behauptet es Siegfried Schwarz, und der ist der Gärtner. Diebold wiederum hält Schwarz für einen Erbschleicher, der als Einflüsterer das Vertrauen der Millionärin missbrauche. Wahr ist, dass der Blumenpfleger keiner ist, zumindest kein gelernter. Siegfried Schwarz ist seit drei Jahren im Haus. Zuvor hat der 62-Jährige, der in Jeans, Turnschuhen und mit Zopf sehr jugendlich wirkt, 34 Semester Maschinenbau in Karlsruhe studiert und danach Versicherungen verkauft, was ihm zuwider gewesen sei. Es sei, bekennt er, kein sehr erfolgreiches Leben gewesen. Aber er hat etwas mitgebracht, was sonst offenbar niemand für das einsame Wesen in der Villa übrig hatte: Zeit und Aufmerksamkeit. Seitdem ist er nach eigener Aussage der Finanzminister im Haus, der darauf achtet, dass kein Geld verschwindet, und der alles dafür tut, dass es seiner Arbeitgeberin gut geht.

Heute schlendert Schwarz über das parkähnliche Grundstück, das er ein kleines Paradies nennt, prüft die Hortensien, Rosenstöcke und Johannisbeeren, den Teich und den Wasserfall, der über wuchtigen Natursteinen hinunterplätschert, und sagt, die Pflege mache viel Mühe. Er kennt den Vorwurf, einen furchtbaren Einfluss auf Edith Mühlschlägel zu haben, und weist ihn zurück. Er bestätigt, dass sie ihn in einem ihrer drei Testamente als Erben des Anwesens, Verkehrswert mindestens zwei Millionen Euro, bedacht hat. Auch Tara, die Hündin, so hat es ihre Herrin verfügt, soll etwas kriegen. Schwarz verschweigt auch nicht, leider laut zu werden, wenn er aufgeregt ist. Das bekommt dann Diebold zu spüren, wenn er zum wiederholten Male klingelt und Edith Mühlschlegel sprechen will. Er sei, berichtet Diebold, rüde vertrieben worden. „Verschwinden Sie sofort, sonst hole ich die Polizei!“ habe Schwarz gebrüllt. Und das nach 50 Jahren stets verlässlicher Loyalität zur Familie Mühlschlegel.

Die kleine Frau in ihrem großen Sessel sagt, sie wolle Diebold nie mehr wieder sehen. Er sei der Vertraute von Bosch gewesen, erzählt sie mit leiser Stimme, nicht mehr ihrer. Aber warum die Unterschrift damals? „Es ging alles so schnell“, sagt sie und lässt den Satz in einem fragenden Blick zu ihrem neuen Vertrauten enden, der sich zu ihr hinüberbeugt und meint: „Frau Mühlschlegel, Sie hätten damals auch Ihr eigenes Todesurteil unterschrieben.“ Heute firmiert Gärtner Schwarz als Vorstand einer Edith-Mühlschlegel-Stiftung, die als Nächstes geplant ist, und sich Heimen für Obdachlose widmen soll.

Für die noble Bosch-Stiftung ist diese Schlammschlacht äußerst unangenehm. Die Streitigkeiten seien unerfreulich, bekennt Geschäftsführer Dieter Berg, deutlich zurückhaltend in der Wortwahl. Sie haben die Stiftung damals aufgenommen, weil sie darum gebeten wurden, weil Robert Bosch immer als das einzige Vorbild Otto Mühlschlegels bezeichnet wurde. Nötig gehabt hätten sie die 40 Millionen Euro nicht, bei ihrem Bilanzwert von fünf Milliarden Euro. Und jetzt? Berg will erst einmal abwarten, wie das Stuttgarter Landgericht entscheidet, und wundert sich bis dahin. Den Sinneswandel der Stifterin kann er nicht nachvollziehen, empfindet ihn als verwirrend. Als einzige Erklärung hat auch er nur das Spielball-Bild parat. Er habe den Eindruck, sagt Berg, dass „Recht kriegt, wer gerade bei ihr ist“. Ansonsten kann er den Familienkrieg gelassen betrachten: Bosch hat vorsorglich auf einer Rücktrittsklausel bestanden, die den Ausstieg ermöglicht, wenn es öffentlichen Streit über den Gesamtvorgang gibt.

Zurück bleibt eine arme reiche Frau, die sich jedem nahe fühlt, der ihr verspricht, sie zu verstehen und das Lebenswerk ihres Mannes zu verteidigen. Jenes Menschen, zu dem sie ein Leben lang aufgeschaut hat. Es war Otto, der Herrenmensch, dem sie vor ihrer Heirat 1953 als Sekretärin diente. Sie hatte seine Ehefrau aus dem Feld geschlagen, war hübsch, voller Lebenslust, aber auch eine Frau, die sich in das Rollenbild jener Zeit fügte. Der Mann bestimmte, die Frau folgte, auch den Absonderlichkeiten des Ernährers. Otto fand nicht nur Gefallen daran, seinen Namensvetter von Habsburg zu verehren, sondern auch im Anzug in den Swimmingpool zu springen und den toten Mann zu mimen. Ein großer Spaß für ihn zu sehen, wie sich seine Edith zu Tode erschrocken hat. Aber sie hielt Otto die Treue, weil er für sie ein guter Mensch war, der anderen alten Leuten helfen wollte. Für sie blieb er das Bärle.

Die Bosch-Stiftung hat den Prozess selbstverständlich gewonnen, und daraufhin sofort einen Otto-Mühlschlegel-Preis verliehen. 50.000 Euro für vorbildliche Altenheime.

Der Ort war des Anlasses würdig, sehr stilvoll, und sehr teuer. Es war die Bühlerhöhe, das Grandhotel von Max Grundig, unweit von Baden-Baden. Nur das Backhendl mit Kartoffelsalat, das unter silbernen Hauben serviert wurde, ließ an Format etwas zu wünschen übrig. Darüber sollen sogar die Kellnerinnen gelacht haben. Die Post, die aus der Villa Mühlschlegel kam, war auch nicht dazu angetan, die Stimmung zu heben. Sie bleibe der Veranstaltung fern, ließ Edith Mühlschlegel per Fax wissen, weil ihr Mann den feudalen Rahmen abgelehnt hätte, und der Preis ein schwacher Trost für die „Vernichtung seines Lebenswerks" sei. Den „hohen Herren" von Bosch warf sie vor, ihr Ansehen „marginalisiert" zu haben. Deshalb wolle sie kein falsches Signal setzen, indem sie der Feier

beiwohne und ein Spiel mitspiele, das den Eindruck erwecken wolle, alles sei gut wie es ist. Das Fax endet mit dem Satz „Möge mein Mann mir verzeihen“ und ist mit ihren Initialen E. M. unterzeichnet.
Nun glaubt keiner, dass die mittlerweile 91 Jahre alt Gewordene den Text selbst geschrieben hat. Sie liegt im Bett, seitdem sie aus dem Rollstuhl gefallen ist, und wird von den Polinnen, die immer noch im Drei-Monats Turnus wechseln, gefüttert. „Schatzele, mach' den Mund auf“, bitten sie, damit das Wenige, was der dürre Leib noch aufnehmen kann, seinen Weg in den Magen findet. Auf einem Stück Brezel kann sie stundenlang herumkauen. Flüssigkeit verabreichen sie mit einer Pipette. Die Tage der Dämmerung unterbrechen sie, wenn die Greisin wach ist. Dann färben sie ihr die Haare knallrot. Ihren Geburtstag feiert sie auf der Rückbank eines Autos, in das sie der Gärtner verfrachtet hat, um sie im Schwarzwald hin und herfahren und so der Verwandtschaft entziehen zu können.

September 2005, Besuch bei der Nichte, die von den Verwandten übrig geblieben ist, und nicht nur ans Erben denkt.

Frau Klauser ist siebzig, Rentnerin und hilft in einem Teeladen, um noch etwas dazu zu verdienen. Ihr Papagei Flori begrüßt sie mit einem „Guten Morgen Schatzi“ und ihren Mann mit „alter Schlawiner“. Weil Flori sehr gesprächig ist, legen sie ihm öfters ein Tuch über den Käfig, damit er still ist. So haben sie es auch lange mit ihrer Tante gehalten, über deren Schicksal sie den Mantel des Schweigens ausgebreitet haben, weil es ihnen so schrecklich schien. Immer die Anrufe der polnischen Pflegerinnen, die ihr Leid über den Gärtner klagten, der ihnen verbot die Spülmaschine oder die Dusche zu benützen, um kein Wasser zu verschwenden. Der sie anhielt, Lebensmittel bei Aldi und nur billige Kosmetika einzukaufen, der sie, je nach Gemütslage, beschimpfte oder bedrängte.

Die Nichte hat Rat bei den Anwälten und Verwaltern des Vermögens gesucht und nur Wände gefunden. Keiner stimmte zu, dem Elend ein Ende zu bereiten und die Gefangene des Gärtners dorthin zu bringen, wo seit Jahren eine Wohnung für sie reserviert war: im eigenen Seniorenheim auf dem Killesberg. Alle warteten nur auf ihren Tod, um sich anschließend eine Beute zu teilen, die sich jeder Kontrolle von außen entzieht. So lange hatte Edith Mühlschlegel hinter schmiedeeisernen Toren ein Leben zu führen, das keines mehr war. Abhängig von den Launen eines Cholerikers, unfähig zu eigenen Entscheidungen und ausgeliefert den Interessen jener, die sich nie wirklich für sie interessiert haben.

Die Stuttgarter Verwandtschaft ist davon ausgenommen. Sie war über viele Jahrzehnte Gast im Hause Mühlschlegel, und hat auch immer einen Sack Kartoffel mitgebracht, wenn es ihr aufgetragen wurde. Die Töchter der Nichte durften Stühle streichen, Tannenzapfen aufklauben, Johannisbeeren sammeln und die kleinen essen. Geklagt haben sie darüber nie, weil ihnen in dem Millionärshaushalt die Sparsamkeit vorgelebt wurde. Den ausgefallenen Zahn mit Uhu festzukleben, war für Tante Edith keine Schande. Wenn sie heute darüber nachdenken, ob ihre Tante je glücklich war, dann fällt ihnen der kleine Igel ein, der in ihrem Garten zu Hause war. Ihn hatte sie auf dem Schoß und wollte ihn nie mehr loslassen. Nach dem Igel kam der Gärtner. Er hat die einsame Frau umarmt und gesagt, er könne eigentlich ihr Sohn oder Ehemann sein. Er hat ihr anfangs Gedichte vorgelesen, ihr das Gefühl gegeben, nur für sie da zu sein – bis er sie zu seiner Puppe gemacht hat. Wie Otto.

Am 10. Februar 2006, zwei Tage vor ihrem 93. Geburtstag, ist Edith Mühlschlegel gestorben. Begraben wurde sie auf dem Stuttgarter Waldfriedhof, neben ihrem Mann. Zur Trauerfeier kamen mehr als fünfzig Menschen, so viele, wie sie in den ganzen letzten Jahren nicht mehr gesehen hat. Aber jetzt war sie ja tot, und es galt Abschied zu nehmen von einer „großen Dame“, wie ein Redner sagte. Vielleicht hätte sie sich auch gefreut über die warmen Worte, mit denen ihre Wohltätigkeit, ihr Humor, ihre Heiterkeit und ihre Fröhlichkeit gepriesen wurden. Auch die vielen rosaweißen Rosen hätten ihr gewiss gefallen. Besonders gerührt zeigte sich ein Vertreter des Gesangsvereins Fidelitas aus Baden-Baden, dem der Gärtner, inzwischen ohne Zopf und mit Anzug, verbunden ist. Der Herr erzählte, dass die verehrte Frau Mühlschlegel noch beim letzten Gartenfest nach einer Zigarette verlangt und den Elsässer Wein abgelehnt habe, wegen zu großer Trockenheit. Er war sich ganz sicher, dass der „gütige Gott“ einen Stuhl an seinem Tisch für sie bereitgestellt hat. Edith Mühlschlegel ist zwar schon lange aus der Kirche ausgetreten, aber verdient hat sie es allemal. Ob das auch für alle Trauernden gilt, die sich im Hotel Schlossgarten zum Leichenschmaus getroffen haben, dort, wo die kleine Frau immer das billigste Zimmer genommen hat, ist eine andere Frage.

Eingeschlossen in der Wagenburg

Drei Mädchen sind fast verhungert. Unter den Augen ihrer Eltern. Sind Vater und Mutter schuld, wie fast alle vermuten? Jugendamt, Polizei, Psychiater, Gerichte, Ärzte sind zu diesem Schluss gekommen. Doch die Wahrheit, so es eine gibt, ist komplizierter.

Warum? Warum entführt ein Vater seine Kinder aus einer Klinik, in der sie um ihr Leben kämpfen? Evelyn ist 17 Jahre alt, 1,56 Meter groß und wiegt 28,8 Kilogramm. Eyka ist 15, wenige Zentimeter kleiner und wiegt 33,6 Kilogramm. Erina ist zwölf, 1,54 Meter, auf 24,8 Kilogramm abgemagert, was sechzig Prozent ihres Sollgewichts entspricht. Bei allen drei Mädchen stellen die Ärzte eine Kachexie, eine schwere Form der Abmagerung mit körperlichem Verfall, sowie massive psychische Störungen fest. Evelyn ist latent selbstmordgefährdet. Unter ihrer trockenen, schuppigen Haut finden die Ärzte kaum noch Fettgewebe. Die Mädchen sind depressiv, ihr Gesichtsausdruck ist maskenhaft, abweisend, sie meiden jeden Augenkontakt. Wenn Schwester Gesine zu Eyka kommt und ihr vorschlägt, ein Türchen im Adventskalender zu öffnen, sagt sie fast unhörbar: „Das kann ein anderes Kind machen.“ Eyka sitzt den ganzen Tag im Schlafanzug im Bett, Kleider und Spielangebote lehnt sie ab, lauter wird sie nur, wenn sie nach Reformkost verlangt.

Am Heiligen Abend 2000 verschwinden Evelyn und Erina aus der Psychiatrischen Klinik Heidelberg, Eyka aus dem Klinikum Heilbronn. Hans-Peter und Hilde Lorenz, ihre Eltern, 55 und 52 Jahre alt, packen sie in ihr Auto, einen gemieteten Toyota

Avensis, und tauchen unter. Er wolle seine Töchter aus der „unmenschlichen Hölle" befreien, lässt der Vater die Öffentlichkeit wissen. Der behandelnde Heilbronner Oberarzt Karl Pölzelbauer gutachtet, das Ehepaar leugne nicht nur die körperliche und psychiatrische Erkrankung von Eyka, sondern nehme eine Verschlechterung des Gesundheitszustandes „billigend in Kauf, um im Kampf gegen den „Feind bestehen zu können". Beim Vater Hans-Peter Lorenz diagnostiziert er Schizophrenie, im Fachjargon eine „schwere paranoide psychotische Erkrankung".

Es ist ein Drama zum Fürchten, eine verheerende Familiengeschichte, für die es keine vernünftige Erklärung gibt, nur Annäherungsversuche, die zum Verstehen beitragen können. Hans-Peter und Hilde Lorenz kommen 1980 nach Freudental im Kreis Ludwigsburg. Er ist Handelsvertreter für Türen, sie Arzthelferin. Beide leben zurückgezogen in einem Reihenhaus, das sie später kaufen. Evelyn und Eyka besuchen die Grundschule. Sie sind normalgewichtig, modisch gekleidet, aber schon in dieser Zeit darauf bedacht, Abstand zu halten. Im Pausenhof sind sie allein, Freunde haben sie nicht. Der Lehrer empfindet sie als extrem in sich gekehrt. Mit der Zeit fehlen sie immer häufiger in der Schule. Sie hätten Angst vor ihren Klassenkameraden und den Lehrern, sagt Vater Lorenz als Begründung für ihr Fernbleiben. Zum ersten Mal wird die Familie zum Fall für das Jugendamt, die erste Akte wird angelegt.

Aber noch steht die Trutzburg, in der sich die Lorenzens verbunkert haben. Sie ist der Schutzwall gegen die Welt draußen, die ihnen als böse, zerstörerisch und gewalttätig erscheint. Aber das fragile Gebilde, das schon jetzt wahnhafte Züge trägt, zerbricht mit der finanziellen Schieflage, die Freudentals damaliger Bürgermeister Hartmut Singer erkennt, nachdem die Müll- und Abwassergebühren ausbleiben. Lorenz kann weder sie noch die Kreditzinsen für sein Haus zahlen. Der Schultes versucht zu helfen, überredet das Ludwigsburger Sozialamt, mehr Sozialhilfe zu überweisen, bietet der Familie eine Vierzimmerwohnung in „top saniertem“ Altbau an. „Das Ergebnis“, sagt Singer, „waren üble Beschimpfungen.“ Nach dreijährigem Streit wird das Haus 1997 zwangsgeräumt, die traumatische Odyssee beginnt.

Die Familie zieht zunächst in eine Ferienwohnung in Zaberfeld im Kreis Heilbronn, findet ein Jahr später einen Unterschlupf in Langenburg bei Crailsheim, den sie im April 1999 überstürzt verlässt, um nicht von den Behörden entdeckt zu werden. Wieder landet sie in einer Ferienwohnung, diesmal in Archshofen bei Bad Mergentheim, wo es am 20. August zum Showdown kommt. Sieben Polizisten stürmen das Haus, entdecken die Kinder in Schränken versteckt und bringen sie in die Jugendhilfeeinrichtung Recklingen-Frauental. Hans-Peter Lorenz gibt zu Protokoll, seine Töchter seien von den Polizisten geschlagen

Die Töchter wollen nur eines – zurück zum Vater.

und die Treppe hinuntergestoßen worden. Evelyn, Eyka und Erina gehen zum ersten Mal nach zwei Jahren wieder zur Schule.

Drei Monate sind sie im Heim, bis die Eltern sie Ende 1999 wieder zurückbekommen – trotz ärztlich bescheinigter Unterernährung und schweren psychopathologischen Störungen. Sie sind inzwischen nach Stuppach, in eine Teilgemeinde von Bad Mergentheim gezogen, manch einem wegen der „schwarzen Madonna" bekannt. Dort ist die Isolation perfekt. Den ganzen Tag über sind die Rollläden heruntergelassen, nachts streift die Familie mit Taschenlampen durch Streuobstwiesen und sammelt Äpfel. Mit den Nachbarn spricht die Familie nicht, es sei denn, um ihnen das Grillen zu verbieten. Sie hätten es vierzehn Tage vorher anzumelden, fordert der ungeliebte Mitbewohner, seine Kinder ertrügen den Fleischgeruch nicht. Sie sind allesamt Vegetarier.

Aber immerhin, er lässt sie in die Schule. Evelyn und Eyka sind gute Schülerinnen. Eyka hat sogar einen Preis bekommen. In Religionslehre hat sie eine Eins, in bildender Kunst und in der AG Naturphänomene ebenfalls. Im Sport hat sie ein Attest, für körperliche Aktivitäten ist sie zu schwach. „Eyka lernte interessiert und fleißig", notiert ihr Klassenlehrer am Gymnasium Weikersheim im Zeugnis, „trug aber aus eigener Initiative kaum etwas zum Unterricht bei." Schlechter läuft es bei Erina. Sie ist nur wenige Tage in der Schule. Am liebsten malt sie oder liest. Auch sie ist vom Sport befreit. „Ich kann ein Mädchen ohne Kraft nicht Sport treiben lassen", sagt Henriette Bertsch, die Rektorin. Viele Male, so erzählt sie weiter, habe sie dem Vater erklärt, er müsse auf die Ernährung des Kindes achten und es lernen lassen. Aber es hat nicht gefruchtet. Seit den Sommerferien wurde Erina nicht mehr in der Klasse gesehen. Sie sei mit Steinen beworfen worden, behauptet ihr Vater. „In unserer

Idylle", entgegnet Bertsch, „gibt es keine Steine werfenden Kinder."

In der paranoiden Verstrickung der Familie, die Eltern und Kinder nahezu unauflösbar aneinander kettet, gibt es keinen unbefangenen Blick mehr in die Realität, keine Brücke nach draußen. Die Kinder scheinen das Werkzeug ihres Vaters gegen die feindliche Außenwelt zu sein, ihre Eigenständigkeit längst verloren zu haben. Insoweit ist der Hungerstreik von Evelyn und Eyka, die ihrer Schwester Erina, dem „Opfer" einer bösen Gesellschaft, beistehen wollten, schlüssig. Die Handlungsweise ihres Vaters ebenso. Die offene Frage ist vielmehr, warum die Jugendämter diesem Elend so lange zugesehen haben. Sie sind von Staats wegen dem Wohl des Kindes verpflichtet, sie haben, drei an der Zahl (Ludwigsburg, Heilbronn, Tauberbischofsheim), Akte für Akte gefüllt, und nie wirklich geholfen. Natürlich ist es nicht angenehm, von Hilde Lorenz mit den Worten bedroht zu werden: „Sie haben bald nicht mehr länger zu leben." Und die mittlerweile 13 Anzeigen, die ihr Mann gegen das Tauberbischofsheimer Jugendamt gestellt hat, machen ihn auch nicht sympathischer. Dennoch: wie kann es sein, dass Kinder in dieser Gesellschaft über Jahre weggeschlossen werden, ihnen die Möglichkeit genommen wird, lebenstüchtig zu werden, ohne dass dem rechtzeitig entgegengewirkt wird?

Frau Krug und Frau Wagner sind gewiss rechtschaffene Staatsdienerinnen. Die eine ist stellvertretende Leiterin des fränkischen Jugendamtes, die andere der Vormund der Familie. Sie arbeiten in einer Behörde, der der Mangel schon am grauen Linoleumboden und der vergilbten Tapete anzusehen ist. Sie würden nie gegen das Gesetz verstoßen, weshalb Elisabeth Krug auch zuerst den Paragrafen 1666 des Bürgerlichen Gesetzbuches vorliest, der den Schutz des Kinderwohls regelt. Danach sagt sie, sie kenne die Familie nicht persönlich, aber es hätte den Eltern nicht verborgen bleiben können, „wenn die Kinder nur ein Schatten ihrer selbst sind". Ihre Kollegin Wagner wiederum meint, es sei sehr schwer, Unterernährung festzustellen, wenn ein Mädchen fünf Pullover übereinander anhabe.

Richtig ist, dass die Warnmeldungen aus den Schulen früh gekommen sind, es aber bis Ende September 2000 gedauert hat, bis die Kinder aus ihrem Kerker geholt und als Notfälle in die Kliniken eingeliefert worden sind. „Wir haben uns", sagt Krug, „keine Fehler und keine Versäumnisse vorzuwerfen." Im System des Amtes, das die menschlichen Schicksale verwaltet, meist unterbesetzt ist und mit der Vielzahl der Fälle überfordert, wird das womöglich richtig sein.

Thomas Eschle, der Anwalt von Hans-Peter Lorenz, ist kein Freund solcher Zwischentöne. Nach seinem Dafürhalten will das Jugendamt die Familie „mit der Brechstange zerschlagen". So sagt er es in seiner kleinen Kanzlei in Stuttgart-Vaihingen, in der sich zwanzig Presseleute mit sechs Fernsehkameras drängen. Seine Mandantschaft ist jetzt seit zehn Tagen auf der Flucht, sein „faszinierender Fall" bundesweit in den Schlagzeilen. Er habe mit dem „dicken Hammer" draufschlagen müssen, erläutert der 35-Jährige später, weil er Lorenz nicht in die „Isolierung" treiben lassen wollte. Schließlich handle es sich hier um eine Familie, die bis 1997 „gutbürgerlich" gelebt habe, vielleicht mit der Realität „nicht recht vertraut", aber stets „liebevoll" im Umgang miteinander. Ja, Lorenz sei ein guter Vater. In der Logik seines Mandanten gedacht, dem das Spinnennetz um die Familie als Schutz dünkt, mag das stimmen. Nur, sie hilft niemandem weiter. Es gibt sie eben nicht, die einsame Südseeinsel, auf der die Familie existieren könnte, fernab jeder Zivilisation. Wem an den Kindern liegt, der muss ihnen die Augen für die Wirklichkeit öffnen.

Zugegeben, der Vater hat daran gearbeitet. Zusammen mit Otto

Brandner, dem Vorsitzenden der Aktionsgemeinschaft zur Verwirklichung der Rechte des Kindes. Der 59-jährige Güglinger war der Einzige, der noch Kontakt zu den Flüchtigen hatte. In seinem Wohnzimmer stapeln sich tausend Schicksale, Fälle, in denen vor allem Vätern das Sorgerecht entzogen worden ist. Brandner spricht gerne von „Kinderklaubehörde", wenn er Jugendamt meint. Und er spricht aus eigener Erfahrung. Vor vier Jahren sind ihm Tochter und Sohn weggenommen worden, wegen angeblichen Kindesmissbrauchs. Brandner hat zehn Monate lang gekämpft, bis er sie wiederhatte. Das Gutachten des Polizeipsychologen hat seine Unschuld bewiesen. Er hat es um den Kirchbaum in Güglingen gewickelt, damit es alle Menschen, die ihn verachteten, lesen konnten. „Heute", sagt der ehemalige Manager eines Nahrungsmittelbetriebs, „grüßt mich der Bürgermeister von weitem."
Auch Otto Brandner ist bestimmt ein aufrichtiger Mann. Ihn treibt die leidvolle Erfahrung, ein zu Unrecht Ausgestoßener gewesen zu sein, ein Objekt im Strudel erdrückender Bürokratie. Deshalb setzt er sich für Hans-Peter Lorenz ein, von dem er ahnt, wie schlecht es ihm geht. In seinen Ordnern sammelt er die Protokolle des Familienvaters, in denen akribisch festgehalten ist, welchen „Misshandlungen" sich seine Kinder in den Kliniken ausgesetzt wähnten. Evelyn habe „nackt vor drei Männern" stehen müssen, schreibt ihr Vater. Erina sage, sie werde „seelisch und körperlich krank gemacht". Das Essen sei dioxinverseucht. Wenn Brandner mit dem per Haftbefehl Gesuchten telefoniert, spürt er dessen Verzweiflung. Nie habe er sich vorstellen können, welche Maschinerie in Gang kommen würde, erzählt ihm Hans-Peter Lorenz, und er fragt, was er nun machen solle. Otto Brandner rät ihm, sich zu stellen, aus dem Loch zu kriechen, und versucht, ihm den Weg zurück zu ebnen. Aber, und davon ist Brandner überzeugt, Lorenz werde es nicht

freiwillig tun, solange die „verkettete Familie" Gefahr laufe, getrennt zu werden.

Der Vater wendet sich an die Öffentlichkeit. Im Privatsender Pro Sieben betont er, er sehe sich nicht als Verbrecher, die Entführung betrachte er als „Notwehraktion zum Schutz der Kinder". Jetzt lebten sie in einer „angsterfüllten Situation", in der sie nur einen Wunsch hätten: in Ruhe gelassen zu werden. Die Töchter hätten ein ungeheueres Erholungsbedürfnis. Der Wunsch ist nicht in Erfüllung gegangen. Am 12. Januar 2001 ist die Familie gefasst worden, in einer Feriensiedlung bei Passau.

Hans-Peter und Hilde Lorenz müssen ins Gefängnis. Für die Kinder beginnt eine Odyssee durch verschiedene psychiatrische Einrichtungen, in denen sie nur eines sagen: Sie wollen zurück zu den Eltern.

Der Vater. Es ist Mai 2001. Der kleine Mann kommt geradewegs aus dem Knast. Schwarze Lederjacke, Cordhosen. Mit dem Zug ist er von Mannheim nach Stuttgart gefahren, weil er reden will. Über sich und seine Kinder, was gleichbedeutend ist mit seiner Welt. Fünf Monate hat Hans-Peter Lorenz eingesessen. Zeit genug, um darüber nachzudenken, warum er seine drei unterernährten Mädchen aus dem Krankenhaus geholt hat und mit der Familie untergetaucht ist. Damals an Heiligabend 2000. Er habe nicht zusehen können, wie seine Töchter Evelyn, Eyka und Erina „fast sterben", sagt der 58-Jährige. Wie immer, wenn man ihn traf, ging es um ihn, das Essen und den Feind. Er hatte, wie ihm schien, das schwierige Leben gemeistert. Die Quartalssauferei in den achtziger Jahren, die Vierfach-Bypassoperation nach einem Herzinfarkt 1994, die zwischenzeitliche Trennung von der Familie. Danach hat er als Türenverkäufer 140.000 Mark im Jahr verdient. Daraus habe er viel Selbstbewusstsein geschöpft, erzählt Lorenz, wie damals als Jugendlicher, als er 13 Radrennen gewonnen hat. Darauf ist er so stolz wie auf sein Lebensmotto: „Nicht loslassen und verbissen am Hinterrad hängen." Der gebürtige Tübinger spricht ruhig und überlegt, wenn man ihn sprechen lässt. Nur Widerspruch mag er nicht. Ihm fehle die Bereitschaft zur Demut, räumt Lorenz ein, und das gelte auch gegenüber seinen Mädchen, mit denen er es nicht immer leicht habe. Ihre Essgewohnheiten, ihr Beharren auf vegetarischer Kost, erscheinen ihm bisweilen unheimlich, weil er selbst gerne Schweinshaxen isst, was er mit seiner Frau Hilde im Restaurant tut, wenn ihm danach ist. „Ich schlag dich tot" will er zu seiner Tochter Erina gesagt haben, „wenn du nicht isst. Du bringst mich damit noch ins Gefängnis".

Die Mutter. Was geht in einer Frau vor, die zuschaut, wie sich ihre Kinder zu Grunde richten? Eine Antwort darauf hat niemand. In den psychiatrischen Gutachten werden Hilde Lorenz eher depressive Züge und eine Tendenz zu einer „überbehüten-

Hilde Lorenz glaubt, dass sie alles falsch gemacht hat im Leben.

den Art“ zugeschrieben. In den 27 Ehejahren hat sie sich untergeordnet, alle Irrungen und Wirrungen mitgetragen und sich zur Verfügung gestellt, wenn der dominante Mann auf das Elend der Familie aufmerksam machen wollte. „Wir haben ihr Geld für den Friseur und für Kleider gegeben, damit sie bei Pro Sieben etwas hermacht“, erinnert sich Otto Brandner. Die Mutter war im Januar 2001 vor die Kamera getreten, um ihr Untertauchen als Notwehr zu begründen.

Zwei Jahre später will Brandner nichts mehr mit den Eltern Lorenz zu tun haben. Der Vater führe sich auf wie ein „Guru“, der seine Töchter „schwer misshandelt“ habe, sagt er, die Mutter sei ihm hörig, bringe die Kraft für eine Scheidung nicht auf, und die Kinder seien verloren. Zuvor hatte Brandner mit seinem Verein noch gegen die „Zerschlagung“ der Familie demonstriert, und den Ärzten vorgeworfen, sie würden mit Gewalt gegen Eltern und Kinder vorgehen. Hilde Lorenz hat sich an den Stuttgarter Anwalt Hans Bense gewandt, der sie verteidigen soll. Er hat sie in der Strafanstalt Hohenasperg besucht und eine von Weinkrämpfen geschüttelte Frau vorgefunden. Sie habe immer versucht, ihre Töchter zum Essen zu bewegen, aber Magersucht sei wie Drogenabhängigkeit, berichtet sie Bense. Sie sei schon froh gewesen, wenn die Mädchen wenigstens einen kleinen Bissen zu sich genommen und nicht damit gedroht hätten, sich umzubringen, wenn sie von der Familie getrennt würden. Vom Dahindämmern ihrer Jüngsten will sie nichts gemerkt haben. Noch am letzten Tag, dem 18. November 2003, als Erina fast leblos und auf 21,2 Kilogramm abgemagert, zwangsweise in das Bad Mergentheimer Caritas-Krankenhaus gebracht wurde, habe das Mädchen mit einer Evian-Flasche nach ihr geworfen, sagt Hilde Lorenz. Der Staatsanwalt, der das Bild der Komapatientin in seinen Akten gesehen hat, konnte zwei Nächte nicht schlafen.

Die Kinder. Wann genau, wie und warum es mit der Magersucht von Evelyn, Eyka und Erina angefangen hat, weiß keines der vielen Gutachten zu erklären. Alle Psychiater scheiterten an der Ablehnung ihrer Patienten, die nicht mit ihnen sprachen, die sich in den Kokon ihrer wahnhaften Welt verwoben hatten. Dass sie lebten, wurde nur im Widerstand spürbar. Das war dann, wenn sie um ihr gewünschtes Essen rangen oder Briefe an jene schrieben, die sie für ihren Schmerz verantwortlich machten. Dann mussten die Klinikmitarbeiter Beutelkost im Reformhaus kaufen, und die Staatsanwaltschaft hatte zur Kenntnis zu nehmen, dass es eine „riesengroße Unverschämtheit" sei, gegen ihre Eltern „vollkommen ungerechtfertigte Vorwürfe" zu erheben.

Die Gutachter. Die entscheidende Expertise, auf die sich alle beziehen, ob positiv oder negativ, verfasst Gunther Klosinski, der Direktor der Tübinger Kinder- und Jugendpsychiatrie. Er ist eine der Koryphäen auf diesem Fachgebiet. Klosinski kommt am 20. April 2001 nach 248 Seiten zu dem Schluss, dass beide Elternteile „grundsätzlich erziehungsfähig sind" und „kein eindeutig paranoides Familiensystem" zu erkennen sei. Deshalb sollte ihnen das Sorgerecht nicht entzogen werden. Diesem Urteil schließt sich das Oberlandesgericht Stuttgart an, das am 16. Mai 2001 verfügt, die Kinder wieder in die Obhut der Eltern zu geben. Klosinski steht auch heute noch zu seinem Gutachten – mit der Einschränkung, dass er für die Ereignisse danach nicht verantwortlich sei. „Wissen wir, was in der Zwischenzeit passiert ist?" fragt er und betont, dass Menschen auch „in eine Pathologie getrieben werden können". Außerdem habe er darauf verwiesen, dass die Kinder gesundheitlich überwacht und in die Schule geschickt werden müssten. Sein Kollege Reinmar du Bois, ein nicht minder angesehener Professor, fällt ein anderes Urteil. In seiner Kinder- und Jugendpsychiatrie am Stuttgarter Olgahospital hat er über Monate versucht, der kleinen Erina zu helfen. Auch er ist gescheitert und darüber zu dem Ergebnis gelangt, dass dieser Familie nicht zu helfen ist, weil sie sich nicht helfen lassen will. In deren paranoidem System, erläutert du Bois, ist die Opferrolle eingebaut: „Wenn sie glaubt, dass sie verfolgt wird, stimmt ihre Welt. Ihr Brot ist der Hass auf andere." Dieses geschlossene System, das auch einen Tod in Kauf nimmt, wollte du Bois nicht stützen, nicht mit einem Plädoyer für die Rückkehr der Kinder in eine Familie, die „ihre eigene Sekte ist". Reinhart Lempp, einer der Begründer der Kinderpsychiatrie und Lehrer von Klosinski und du Bois, sagt, Gutachten über das Sorgerecht gehörten zur schwierigsten und angreifbarsten Arbeit in seinem Fach.

Der Brief. In einem Brief, datiert vom 5. April 2002, schildert Hans-Peter Lorenz die Katastrophe aus seiner Sicht. Auszüge: „Die Kinder wurden in geschlossenen Psychiatrien zu Unrecht festgehalten, geschlagen, gequält, gedemütigt, schikaniert und in einem Fall fast zu Tode gebracht. Die Ausbildung unserer Kinder ist zerstört. Die für eine Übergangszeit von uns angeregte Ausbildung mittels einer Fernschule wird derzeit verzögert durch ein nunmehr bereits über ein halbes Jahr andauerndes Genehmigungsdesaster. Wir Eltern vertreten den Standpunkt, dass das der erfolgversprechendste Weg ist. Die Kinder sind erprobte gute Autodidakten. Wegen der massiven öffentlichen Rufschädigung schaffen wir es nicht mehr aus eigener Kraft, unsere Verhältnisse zu ordnen und den Kindern wieder Zukunftsperspektiven zu bieten, die halbwegs denen entsprechen, die sie hatten." Lorenz endet mit dem Satz, dass ihn der „Machtblock" aus den diversen Ämtern an „totalitäre Systeme" erinnere.

Der Sozialdezernent. Paul Grimm leitet das Sozialamt im Main-Tauber-Kreis seit 20 Jahren. Der 62-Jährige bezeichnet sich als alten Fuhrmann, der schon viel Schlimmes auf seinem Schreibtisch gesehen hat. Aber die Tragödie Lorenz, die 26 Aktenordner füllt, ist auch für ihn einmalig. Penibel hat er aufgelistet, wer wann wo versucht hat, telefonisch, brieflich, persönlich mit der Familie Kontakt aufzunehmen. Allein in den zwei Wochen vor Erinas Einlieferung ins Hospital und der Verhaftung der Eltern sei ein Sozialarbeiter achtmal vor Lorenz' Haus gestanden, und nie sei ihm geöffnet worden, berichtet Grimm. In einem zweiten Papier hat er die Klagen des Vaters notiert: 31 zwischen Februar 2002 und November 2003. Gleichgültig, ob es um die Aufforderung zum Arzt- oder Schulbesuch ging, um die Bewilligung von Wasch- oder Nähmaschine, oder um den Ersatz eines verlorenen Geldbeutels – wenn das Amt nicht spurte, nutzte Sozialhilfeempfänger Lorenz jene Instanzen, die ihm zutiefst verhasst waren: die Gerichte. So erwirkte er einen Monat vor dem Koma seiner Kleinsten beim Stuttgarter Oberlandesgericht noch einmal den Aufschub der ärztlichen Überprüfung. Bleibt die Frage, ob Erina erst dem Tod ins Auge schauen musste, bis die Behörden zum Mittel der Gewalt griffen: zur Hausdurchsuchung und zur Verhaftung. Grimm sagt, sie hätten nicht anders handeln können als nach Recht und Gesetz. Er sah sich gefangen in einem scheinbar unentwirrbaren Netz staatlicher Organe, zwischen denen die Verantwortung für menschliche Schicksale hin und her geschoben wurde, immer in der Sorge, juristische Paragrafen zu verletzen. Er könne nur hoffen, bilanziert Grimm, dass die Eltern „knackig bestraft werden". Schwere Körperverletzung kann mit bis zu zehn Jahren Haft geahndet werden.

Das Gericht. In einer Presseerklärung vom 27. November 2003 teilt das Oberlandesgericht Stuttgart „mit tiefem Bedauern" mit, „dass die Behörden und Gerichte offenbar von den Eltern – wohl mit Zustimmung des Kindes – über dessen wahren Zustand getäuscht und immer wieder hingehalten wurden".

Die Mergentheimer Ärzte befürchten, dass Erina erschreckende gesundheitliche Schäden davon tragen und wohl erblinden wird. Sie wird ins Jugendwerk Hegau am Bodensee eingewiesen, wo ihr der Oberarzt verspricht, sie ins Leben zurück zu holen.

Im Oktober 2004 stehen die Eheleute Lorenz vor dem Ellwanger Landgericht. Sie sind der schweren Körperverletzung angeklagt. Evelyn und Eyka umarmen sie, Erina wird, verhüllt durch eine Wolldecke, im Rollstuhl in den Saal gefahren.

Nur eine kleine Widerrede erlaubt sich Hilde Lorenz während des gesamten Prozesses. Es ist, als ihre Tochter Erina sagt, in der Familie habe es nie Streit gegeben. Die Mutter fragt, schüchtern den Finger hebend, den Richter, ob sie dazu etwas bemerken dürfe? Sie darf. „Erina, erinnerst du dich noch“, will sie wissen, „dass du eine Flasche nach mir geworfen hast?“ Erina erinnert sich nicht. Die 16-Jährige im Rollstuhl will und muss das Bild von der heiligen Familie aufrechterhalten, das ihr den einzigen Halt zu geben scheint.
Wenn Hilde Lorenz im Café in Ellwangen über diesen Vorfall spricht, immer wieder unterbrochen von Tränen, wird deutlich, wie brüchig diese Fassade ist, die Eltern und Kinder über Jahre aufgebaut haben. Erina habe nicht mehr gegessen und immer weniger getrunken, erklärt sie. Drei Tage, bevor sie ins Krankenhaus gebracht wurde, seien es noch 0,3 Liter gewesen. Um wenigstens das wenige, was sie flüssig zu sich nahm, nahrhafter zu machen, habe sie heimlich Honig und ein Nährstoffkonzentrat in den Saft gemischt. Erina habe die Flasche immer unter einer Halogenlampe geprüft. Wenn sie dem Inhalt misstraute, habe sie ihn auf dem Teppich ausgeschüttet. Einmal sei auch eine Schere geflogen.

Aber warum nur hat sie zugelassen, dass Erina ihren Schwestern Evelyn und Eyka das Essen aus den Händen geschlagen hat? Warum hat sie sich nachts die Bettdecke von Erina wegziehen lassen, die befand, die Mutter habe nicht zu schlafen, wenn die Tochter nicht schlafen konnte? Hilde Lorenz weiß darauf nur Antworten, die eng verknüpft sind mit ihrer Biografie und jener der Familie. „Die Kinder waren mein Heiligtum", sagt die 55-Jährige, „aber zum Schluss war ich hilflos. Ich habe mir gewünscht, nicht geboren worden zu sein." Ein verlorenes Leben.

Die überbehütende Art, die ihr der Psychiater bescheinigt, ist nachvollziehbar, wenn man auf ihre Risikoschwangerschaften zurückblickt: Evelyn kam drei Monate zu früh auf die Welt, Eyka war wegen häufigen Atemstillstands vom plötzlichen Kindstod bedroht, Erina hat sie zwei Jahre gestillt. Alle drei waren nie im Kindergarten, weil sie geglaubt hat, daheim seien

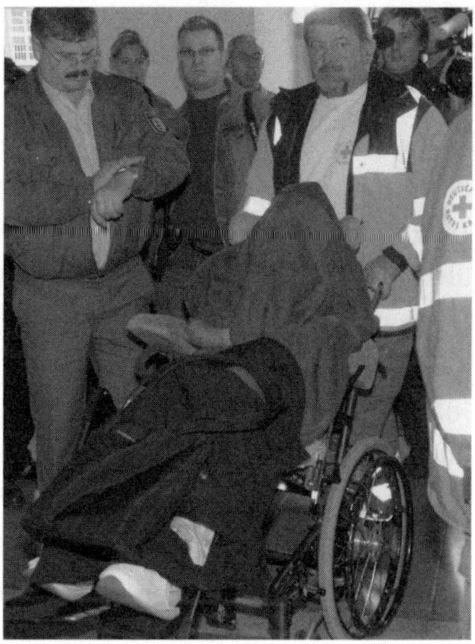

Jeder soll mitbekommen, was mit Erina geschehen ist.

sie besser aufgehoben. Hilde Lorenz hatte nie ein behütetes Zuhause. Der Vater hat getrunken, sie misshandelt. Gegen seinen Willen wurde sie Arzthelferin, nach der Heirat Hausmütterchen, wie es ihr Mann Hans-Peter wollte. Als er zu trinken begann, hat sie abends immer warme Jacken für die Töchter bereitgelegt, damit sie auf die Straße gehen konnten, wenn der besoffene Vater nach Hause torkelte. Die Kinder sollten ihn so nicht sehen, sagt sie, die Scheidung habe sie wegen der Kinder nicht eingereicht. Die Sucht hat Hans-Peter Lorenz erfolgreich bekämpft, seit 15 Jahren ist er trocken, und seitdem hat er seine „Herzblätter", sagt seine Frau, rundum verwöhnt. Nur das Beste und Teuerste sei gut genug gewesen, versichert sie, gleichgültig, ob es sich um Essen oder Kleidung handelte. Seine Kinder seien sein Ein und Alles.

Warum dann die Katastrophe? Aus der Sicht des Vaters ist die Antwort klar: Schulen, Ämter, Ärzte, Staatsanwälte haben sie nie so leben lassen, wie sie wollten. Alle haben sie drangsaliert, schikaniert, bevormundet – und manches davon ist wahr. Die Kinder saßen in ihren Klassen oft alleine, weil sich niemand neben sie setzen wollte. Mit den Töchtern eines Alkoholikers wollten die Mitschüler nichts zu tun haben, auch wenn sie Preise für hervorragende Leistungen einheimsten. Wahr ist aber auch, dass Kohlhaas Lorenz selbst jene Behörden mit Anzeigen überzog, die guten Willens waren. Ablehnung und Auflehnung waren eins, die Familie wurde zur Wagenburg, die keine Brücke mehr nach draußen hatte.

In den Gesprächen mit den Eltern wird nur deutlich, dass sich die Machtverhältnisse in der Familie verschoben haben. Die Kinder setzen ihre Krankheit auch als Waffe nach innen ein, die symbiotische Beziehung mit ihren Eltern nutzend. „Wenn ihr uns liebt", verlangen sie, „schützt ihr uns vor den Verbrechern." Verbrecherisch ist alles, was sich vor ihrer Haustüre bewegt. Sie haben von ihrem Oberhaupt gelernt, unerbittlich zu kämpfen, kein vernünftiges Argument gelten zu lassen, die Welt ohne Zwischentöne in Gut und Böse einzuteilen. Erina sei das Ebenbild ihres Vaters, die Härteste von allen, meint Hilde Lorenz. Gutachter Klosinski empfindet sie als „emotional ausgebrannt". Der lange dominante Vater klagt, er sei oft nicht mehr Herr im Hause gewesen.

Erina habe jetzt das Leben in der abgeschotteten Wohnung bestimmt, erzählt die Mutter. Nur noch ihre Befehle hätten gegolten, ihre Drohungen den Tagesablauf geprägt. Sie nehme sich das Leben, habe sie geschrien, wenn ein Arzt ins Haus gelassen würde. Immer wieder hätten alle, Mutter, Vater und Geschwister, ihre Kleine angefleht, zu essen. Vergeblich. „Willst du sterben?" hätten sie gefragt, und Erina habe geantwortet: „Nein, ich esse." Heute würde sie ihr nicht mehr glauben, verspricht Hilde Lorenz. Und dennoch bleibt unverständlich, warum sie nicht eingegriffen hat. Die verzweifelte Frau vermag nur zu erkennen, dass Erina bis zuletzt renitent war, und sich den mütterlichen Zugang zum Bad verbeten hat. Sie habe Erina nicht unbekleidet sehen dürfen, versucht sie zu erklären, und deshalb auch nicht realisiert, wie abgemagert sie war.

Es hat bis zum Mai 2004 gedauert, bis sich ein Facharzt ernsthaft mit der Psychodynamik der Familie beschäftigt hat. Der Tübinger Psychiater Peter Winkler schlussfolgert, dass alle Mitglieder zu dem hochgradig gestörten, pathologischen System beigetragen haben – die Mutter mit ihrer Demut, der Vater mit seiner Paranoia, die älteren Töchter mit ihrer großen Willensstärke und Erina mit ihrem Hungerstreik, in dem sie, fanatischen Märtyrern ähnlich, sogar tödliche Folgen in Kauf genommen habe. Insofern greife es zu kurz, urteilt Winkler, wenn man im Fall Lorenz Täter-Opfer-Schablonen anlege. Nach diesem im September 2004 vorgelegten Gutachten ist Hilde Lorenz, nach acht Monaten U-Haft, auf Bewährung entlassen worden. Doch der Freigang ist keine Freiheit. Sie irrt durch Bad Mergentheim, gepeinigt von Schuldgefühlen, am Ende ihrer Kraft, und fragt sich: „Was soll ich noch auf dieser Welt?“ Sie habe nur für ihre Kinder gelebt und müsse jetzt erkennen, dass Evelyn, Eyka und Erina keine Zukunft mehr hätten.

Das Landgericht verurteilt sie und ihren Mann zu einer zweijährigen Freiheitsstrafe auf Bewährung. Evelyn und Eyka können wieder mit ihren Eltern zusammen ziehen.
Die schwer geschädigte Erina bleibt im Jugendwerk Hegau, unter der Vormundschaft des Jugendamts, das sie haßt.

Evelyn ist jetzt 22 Jahre alt, Eyka 20. Beide haben wieder ihr Normalgewicht, aber ohne Schulabschluss werden sie keine Arbeit finden, mit ihrer Angst vor der Umwelt, die sie weiterhin haben, keine Freunde. Sie könne sie nicht in die Disco treiben, sagt Hilde Lorenz, und so sind sie entweder zu Hause, holen alte Schulbücher aus dem Regal oder gehen in die städtische Bibliothek. Schon die Bitte, über einen Auszug nachzudenken, löst traumatische Reflexe aus. „Wenn du uns weg schickst, hast du uns nicht mehr lieb“, antworten sie ihrer Mutter, wenn sie mit ihnen darüber reden will, wie es weiter gehen soll. Die Welt draußen hält nichts Gutes für sie bereit. Das haben sie aufgesaugt wie ein Schwamm, der beim leisesten Druck nur Schmerz abgibt. In der Stadt höre sie oft, erzählt Hilde Lorenz, dass man sie alle erschießen müsse.
Doch im Vergleich zu Erina geht es ihnen noch gut. Die Jüngste wird immer behindert bleiben, und man wird den Verdacht nicht los, dass das manchen so unrecht nicht ist. Jenen nämlich, die einen Schuldigen brauchen. Ihm muss die Elendsgestalt wie ein Spiegel vorgehalten werden, damit er seiner Strafe, die

sie für gerecht halten, zugeführt wird. Als Beleg darf man den Schriftwechsel einer Stuttgarter Anwältin mit dem zuständigen Tauberbischofsheimer Jugendamt heranziehen. Die Juristin hatte nichts anderes getan, als die Vormundschaft für Erina zu beantragen. Sie hatte es auch noch gewagt, festzustellen, dass sich der gesundheitliche Zustand des Mädchens nicht gebessert habe – nach mehr als einem Jahr im Jugendwerk Hegau. Es stagnierten „aus unbekannten Gründen" die Maßnahmen für die körperliche Rehabilitation, schrieb sie, Erina werde „nur verwaltet" und von der Außenwelt konsequent abgeschottet. Die Reaktion war heftig. Die zur Amtsleiterin aufgestiegene Elisabeth Krug drohte ihr mit einer Strafanzeige wegen Beleidigung oder „gar übler Nachrede und Verleumdung". Die Anwältin gab schließlich entnervt auf und Erina wurde ins Zentrum für Körperbehinderte in Würzburg-Heuchelhof verlegt. Im Jugendwerk Hegau, begründete die Behörde, seien „keine nennenswerten Veränderungen des Gesundheitsbildes" mehr zu erwarten gewesen. Will sagen: behindert auf ewig. Doch jetzt in Würzburg habe Erina Spaß an der Schule, Kontakt zu ihren Mitbewohnern und fühle sich wohl. Das Mädchen, das wir in Heuchelhof unter nachgerade konspirativen Umständen treffen, vermittelt einen anderen Eindruck.

Es ist ein trister Dezembertag im Jahr 2005. Schneereste auf dem Parkplatz, Grau über dem Betonklotz, der die Behinderten verwahrt und wie tot da liegt. Erina sitzt in ihrem Rollstuhl, in eine dicke Decke eingehüllt und spricht. Über ihre Isolation, ihr Unglücklichsein und ihre große Hoffnung, wieder laufen zu können. Sie stehe den ganzen Tag in ihrem Rollstuhl herum, oder liege im Bett, denke unablässig an ihre Familie oder höre die Volksmusikerin Stefanie Hertel, ihre einzige Freude, erzählt die 17-Jährige. Mit der Bettnachbarin könne sie nicht reden, weil sie stumm sei, mit dem Personal könne sie nicht laufen

üben, weil dafür keines da sei. Und mit der Frau vom Jugendamt, die so genau weiß, wie es ihr geht, habe sie noch kein Wort gesprochen. Erina will nur weg, zurück zur Familie.
Das Mädchen ist nicht blind, wie es zu befürchten war. Es kann wieder sehen. Es ist geistig nicht gestört, wie vorausgesagt wurde. Es formuliert klar und mit Sinn und Verstand. Es kann nur nicht aus eigener Kraft gehen. Aber vielleicht darf das einfach nicht sein, weil sonst die eherne Regel von Schuld und Sühne nicht mehr gilt.

Die Hölle im Rosengarten

Wie lebt die Frau eines Mannes, der mit seinen Sexreisen in die Schlagzeilen geraten ist? Der Mann heißt Helmuth Schuster und spielt eine Schlüsselrolle im VW-Korruptionsskandal. Seine ehemalige Frau Ilona-Luise Reutter erzählt von der Hölle, durch die sie gegangen ist.

Sie ist die Einzige, die spricht. Die Frauen der anderen Lustreisenden schweigen. Ob sie es aus Scham, Angst oder Hilflosigkeit tun, weiß man nicht. Ilona-Luise Reutter hat ihren Weg gewählt, den Gang nach draußen, der sie befreien soll von einer drückenden Last, die sie als das „System VW" beschreibt. Ihr Mann Helmuth Schuster war ein Teil davon. Als Personalvorstand von Skoda sogar ein wichtiger. Der 51-Jährige war ein enger Vertrauter des Arbeitsdirektors Peter Hartz, sein Gehirn, wie Kenner meinen. Er hat ihm seine Bücher geschrieben und ihn, wie seine Frau bestätigt, auf jenen Reisen begleitet, die ihren Höhepunkt in irgendwelchen Bordellen dieser Welt fanden. Schuster hat eine halbe Million Euro im Jahr verdient.

Ilona-Luise Reutter ist 38 Jahre alt, attraktiv, roter Lippenstift, roter Nagellack, modebewusst. Als Besitzerin einer Boutique gehört das dazu. Wenn sie von ihrem Balkon herunterschaut, sieht sie die elterliche Süßwarenfirma, die 80 Mitarbeiter hat und unter anderem Lutscher herstellt. „Wenn ich denen erzähle, dass sie bei VW mehr für Nutten ausgegeben haben, als sie Umsatz im Jahr machen, verstehen sie die Welt nicht mehr", sagt die Unternehmertochter. In ihrem Dorf, das Rosengarten heißt, 2500 Einwohner hat und bei Schwäbisch Hall liegt, sowieso nicht. Seitdem der Skandal öffentlich ist, bleiben die Kundinnen der Boutique aus.

Ihr Haus ist ihr Schutzraum, in dem es munter durcheinander geht. Neben dem Hindu-Gott liegt ein Jesus am Kreuz, in der Ecke steht eine Madonna, in die Decke sind Spotlights eingelassen, die sie Sternenhimmel nennt. Sie sei inzwischen Buddhistin, sagt sie, und nehme das Schicksal, wie es komme. Allerdings nicht widerspruchslos. Auf dem Tisch liegt ein Buch der Wut-Autorin Harriet Goldhor Lerner mit dem Titel: Was Frauen verschweigen. Warum wir täuschen, heucheln, lügen müssen. Die Schriftstellerin ruft darin zu mehr Wahrhaftigkeit auf, und stellt den Satz voran: Frauen haben durch Schweigen nichts gewonnen. Es ist ihr Programm.

Das Kind vom Land ist Kauffrau. Sie hat dort gelernt, wo viele lernen, bei der Bausparkasse Schwäbisch Hall. Danach ist sie zu einer Unternehmensberatung nach Frankfurt gewechselt, die eine auserlesene Klientel betreute, darunter auch die Firma Hoechst, zu deren Management Dr. Helmuth Schuster gehörte. Ihn hat sie 1995 geheiratet, wie sie ihrem Ring entnimmt, den sie zur Prüfung des Datums vom Finger zieht. Der Ehe entstammen zwei Söhne, neun und sechs Jahre alt. 1996 begannen die Bordellbesuche auf Firmenkosten in großem Stil, mit dabei Peter Hartz, der Kontaktmann zwischen Konzernleitung und Betriebsrat, Klaus-Joachim Gebauer, sowie der Betriebsratsvorsitzende Klaus Volkert. Und eben der Ehemann, der inzwischen in Wolfsburg angeheuert hatte, und, im Gegensatz zu den anderen Männern, zu Hause von seinen Erlebnissen berichtete. Man führte eine moderne Ehe.

Damals habe sie noch an die Einmaligkeit dieser Sextrips geglaubt, sagt Frau Reutter, weil es doch auch so unglaublich klang. Edelprostituierte, die man sich hielt, alleine oder zu mehreren. Grölende Männer, die sich wie eine Herde röhrender

Hirsche aufführten, und „Wo sind die Weiber?“ brüllten, wenn sie nicht schnell genug da waren. Doch die Reisen wurden mehr. Sie wusste genau, wann wieder eine anstand. Das war dann, wenn ihr Mann erzählte, dass die Herrschaften mal wieder beim leitenden Werksarzt waren. In seinen Schubladen hätten die Viagra-Packungen gelagert, ohne die sie sich nicht im Stande fühlten loszufahren. „Macht macht geil“, bilanziert Frau Reutter, zudem seien Männer offenbar Testosteron-gesteuert.

In dieser Zeit, erinnert sie sich, sei sie „durch die Hölle gegangen“. Zunächst hat sie die Fehler bei sich gesucht. War sie nicht gut genug an der Seite des erfolgreichen Managers? War es ein Affront, sich schon früh aus den Damenprogrammen auszuklinken, bei denen es immer ein hübsches Service von Villeroy & Boch gegeben hat? War es falsch, sich nicht in der VW-Lounge beim VfL Wolfsburg, auf dem Golfplatz oder im Rotaryclub zu zeigen? War es ein Frevel, öffentlich bei einer Präsentation zu sagen, der Audi 2 sei „total missglückt“? Für VW schon. Danach wurde sie sofort nach Wolfsburg zitiert. Und dann noch der Name. Warum nicht Schuster, sondern Reutter? Heute kann sie alle diese Fragen mit Nein beantworten. „Der Name bleibt, die Männer gehen“, sagt sie. Das fehlende Wohlverhalten, das Sich-nicht-einfügen-Wollen, die Ablehnung der Riten der Wolfsburger Mackerwelt – das könne noch sein Karriereknick sein, haben sie Schuster bedeutet. Und sie hat gekontert, als „Staffage für VW“ sei sie sich zu schade. Da seien ihr die Kinder wichtiger.

Der Streit eskaliert. Die Sexreisen, zwei aufeinander prallende Welten, dazu noch eine Freundin in Wolfsburg und eine in Prag, wohin Schuster als Personalvorstand von Skoda wechselt, machen aus dem schmucken Eigenheim in Rosengarten ein Tollhaus. Der Kampf tobt um die Kinder, das gemeinsame Sorgerecht, um den Unterhalt, um Schlösser, die sie auswech-

seln will, um die Scheidung. Sie prügelt mit Fäusten auf ihn ein. Danach ist der Gatte in seinen Lamborghini gestiegen und weggefahren. Sie hat sich zur Therapie nach Stuttgart begeben. „Das Übliche eben", sagt sie mit einer Abgeklärtheit, als handele es sich um einen Film mit Liz Taylor und Richard Burton. Vor zwei Jahren hat sie die Scheidung eingereicht. „Allein erziehende Mutter", bilanziert sie, „war ich schon immer." Der Unterschied ist nur, dass sie kein Geld mehr von ihrem Mann bekommt. Er hat, so beteuert der einstige Spitzenverdiener, keines mehr. Und die 400.000 Euro, die ihm aus dem Aktienoptionsprogramm zustehen, hat Volkswagen eingefroren.
Heute versucht sie, ihren Mann zu verstehen, ihren Frieden mit ihm zu machen. Sie hat nachgedacht über diese Manager, die auf der Suche nach dem Kick sind, denen Macht und Geld nicht genügen, enge zwischenmenschliche Beziehungen unheimlich sind. Abspalten, verdrängen, unterwerfen. Ihr Helmuth musste schon nach drei Tagen Familienurlaub auf Mallorca den Werksflieger ordern, um wieder wegzukommen. Getriebene in der emotionalen Leere. Peter Hartz, der jetzt von der Bildzeitung als Sexversager durch die Gosse gezogen wird, halte sich immer noch für eine bedeutende Person, weiss sie. Das hat ihr Mann berichtet. Moralisch urteilen will sie nicht.
Helmuth Schuster kommt regelmäßig zu Besuch. In ihrem Auto, das sie ihm ausgeliehen hat. Er ist kein glanzvoller Manager mehr. Er ist am Boden. Rausgeschmissen von Volkswagen im Juni des Jahres 2005, weil ihm neben den Sexreisen auch noch vorgeworfen wird, Schlüsselfigur in einem Korruptionsskandal zu sein, in dem es um Schmiergelder in Millionenhöhe geht. Von Transaktionen in Tschechien, Indien und Angola ist die Rede, sowie von Tarnfirmen, über die er beabsichtigt habe, VW-Geschäfte in die eigene Tasche umzuleiten. Davon wisse sie nichts, sagt Ilona-Luise Reutter, das sei Sache der Staatsanwälte,

die dafür die Beweise vorzulegen hätten. Für sie sei nur wichtig, dass er Hilfe habe, als Freund.
Sie sagt, das Einzige, was sie wisse, sei, dass ihr Ex pleite sei, und jetzt an seiner Rehabilitierung arbeite. Ein Buch soll daraus werden, eines, das wie ein „Damoklesschwert“ über Bernd Pischetsrieder und Ferdinand Piëch schwebe. Natürlich hätten sowohl der VW-Chef als auch sein Aufsichtsratsvorsitzender, behauptet sie, von den Lustreisen gewusst. Schuster selbst spricht nicht. Sein Anwalt hat ihm geraten, den Mund zu halten, bis der Prozess eröffnet wird. Das Beispiel des VW-Managers Klaus-Joachim Gebauer ist ihm Warnung genug. Seitdem er gegenüber dem „Stern“ ausgepackt hat, findet er keine Ruhe mehr.
Warum aber spricht sie? Sie könnte jetzt behaupten, um Menschen wie Hartz, die Wasser predigen und Wein trinken, die Maske vom Gesicht zu reißen. Sie könnte die Volkswagen AG anklagen, die ihren Mann in ihre Machowelt gepresst hat, wo er doch die Frauenförderprogramme mit entwickelt hat. Aber sie spricht nur von einer „Tragikomödie“. Sie tut es, sagt sie, weil sie ihren Exmann schützen will. Vor sich selbst und vor denen, die ihn, und damit ihre Familie, verfolgen. Vieles mischt sich dabei wohl auch zu Zwangsvorstellungen, die der besonderen Situation geschuldet sind. Es knackt und rauscht in ihrem Telefon, sie berichtet von zerstochenen Reifen und eingeschlagenen Scheiben an ihrem Auto, von Privatdetektiven, die ihrem Mann auf den Fersen sind. Als Personalvorstand habe er tausende von Beschäftigten bei Skoda entlassen müssen und sich viele Feinde geschaffen, fürchtet sie.
In dieser Schlammschlacht scheint inzwischen nichts mehr unmöglich zu sein. Vor wenigen Tagen habe sich Gebauer bei ihr gemeldet und sie vor einer neuen Attacke gewarnt. Es geht um 30.000 Euro, die er, laut einer Aktennotiz des Landeskriminalamts Niedersachsen, am 10. Oktober 2003 auf ihr Konto über-

wiesen haben soll – als Liebeslohn, wie in Wolfsburg kolportiert werde. Frau Reutter ist über die Nachricht nicht schockiert, weil sie nichts mehr überrascht. Sie versichert, nichts erhalten zu haben, und sagt, es fehle nur noch, „dass sie behaupten, ich hätte Hartz einen geblasen“.
Sie hat sich einen Panzer zugelegt, den jemand braucht, der sich ins Feuer begibt. Und sie hat eine neue Verbündete: Alice Schwarzer. „Solche Frauen braucht das Land“, hat ihr die „Emma“-Herausgeberin anvertraut, Angriff sei die beste Verteidigung. Seitdem fühlt sie sich geschützt. Sie sei jetzt ein „Teil der Frauenbewegung“, sagt die Boutiquenbesitzerin im Rosengarten und strahlt.

Der Stein war geworfen, die Wellen zogen ihre Kreise, wie es in einer Mediengesellschaft unvermeidbar ist.

Nach der Veröffentlichung ist die Ex-Frau des VW-Mackers willkommener Gast in Radio- und Fernsehsendungen. Ilona-Luise Reutter wird zu einem Symbol für den Widerstand des weiblichen Geschlechts, das seine Attraktivität nicht nur aus der Person bezieht, sondern auch aus den Etagen, in der sie handelt. Der Geschlechterkampf im Topmanagement, ausgelöst durch die Sexaffäre in Europas größtem Autokonzern, das ist so neu wie reizvoll. Der Zuspruch ist enorm. Ihr Telefon läutet unentwegt. Unter den Anrufern sind Heiratswillige wie jener Bauer, der ihr eine bodenständige Existenz verspricht und aufzählt, wie viel Kühe und Hektar Land er hat. Es sind Hotelmanager, die berichten, wie oft sie den Herren die Damen aufs Zimmer schicken mussten. Es sind aber vor allem Frauen, die ihr Mut zu sprechen, ihr Kraft wünschen, die hoffen, dass sie durchhält und sich nicht klein kriegen lässt. In ihrer Post findet sie Zuschriften, in denen sie von den Absenderinnen ins Nachtgebet

eingeschlossen wird, die ihr einen Schutzengel zur Seite stellen, die ihr vorschlagen, doch in die Politik zu gehen.
Besonders bemerkenswert sind zwei Reaktionen. Eine Lufthansa-Stewardess schreibt: „Liebe Frau Reutter, ich sehe viele Männer aus der Wirtschaft auf der Suche nach dem Kick, Bosse, denen Macht und Geld nicht genügen. Sie würden zusammenfallen wie leere Hüllen, ohne ihren Job und ihre Statussymbole. Eigentlich müsste man Mitleid mit ihnen haben". Konkreter wird sie nicht, aber der Adressatin genügt es, um an jene Zeiten erinnert zu werden, als sie noch Unternehmensberaterin war.
Immer das gleiche Spiel. Der One-night-stand wird zum Bestandteil des Vertrags, ohne dort festgehalten zu sein. Sie sitzt mit dem Vorstand, zum Beispiel bei Springer, zusammen, die Geschäfte sind gemacht. Jetzt bedarf es noch eines After-Work-Abschlusses, der für die Mühen entschädigt. Auf ihrem Hotelzimmer findet sie eine Flasche Champagner und einen Strauß roter Rosen, überbracht von jenem Herrn, der ihr nicht von der

Alice Schwarzer meint: Solche Frauen braucht das Land.

Rocknaht wich und nun auf seinen Lohn wartete. Frau Reutter versichert, sie habe nicht gezählt, wie oft sie das Zimmer gewechselt und die Rezeptionisten gebeten habe, über ihre neue Bleibe zu schweigen. Sex im Business halten die Manager für business as usual, sagt sie.

Die zweite Reaktion kam telefonisch. Es war die Ex-Gattin eines ehemaligen Coop-Managers, der Ende der 80er-Jahre vor der Staatsanwaltschaft nach Kapstadt abgehauen war. Elf Jahre hatten sie sich in Südafrika versteckt gehalten, und sind, wie die Anruferin zu erkennen gab, nur unglücklich geworden. „Sie können der Sache nicht entfliehen", hat die Heimgekehrte aus Heidelberg gewarnt, „unsere Flucht war unser Fehler". Sie will jetzt der Schicksalsgenossin helfen zu begreifen, dass sie der Skandal noch über Jahre verfolgen wird, dass sie keine Ruhe bekommen wird, so lange Staatsanwälte und Gerichte den Deckel über der Akte nicht geschlossen haben. Standhalten statt wegrennen, das möge sie beherzigen. „Sie ist mein Lichtblick", sagt Ilona-Luise Reutter.

Wie in solchen Prozessen üblich, tauchen Dokumente auf, die längst vergessen scheinen. Ein besonders sinnfälliges ist ein Mitschnitt der SWR-Sendung Nachtcafe („Diagnose: Mann") aus dem Jahr 2002. Darin wird der Frage nachgegangen, ob das starke Geschlecht schwächelt. Mitplauderer ist Dr. Helmuth Schuster. Moderator Wieland Backes stellt ihn als Skoda-Personalvorstand vor, der für Wohl und Wehe von tausenden von Mitarbeitern verantwortlich ist, und darüber noch die „Kleinigkeit einer Familie" zu regeln habe. Für Schuster, der an diesem Abend sehr ernst, sehr gewissenhaft erscheint, ist das kein Problem. Alles nur eine Frage des Zeitmanagements, der Balance und des Flows. Zeit hat man sich zu nehmen, Verständnis für Kinder und Küche zu haben, und, ganz wichtig, man hat mit sich im Reinen zu sein. Gewiss, es sei nicht immer

einfach, die Bedürfnisse aller zu befriedigen, zumal er noch zwei Söhne und eine Tochter aus erster Ehe habe, aber er versuche stets, Kinder und Haushalt zu übernehmen, wenn er am Wochenende zu Hause sei. „Außerdem kann ich sie an der Copacabana parken, wenn ich in Brasilien Tarifverhandlungen führe“, sagt er lächelnd. So viel Privileg muss erlaubt sein.
Schuster spricht ruhig und ohne den Hautton zu wechseln. Er erzählt auch davon, wie er früher am internationalen Frauentag mit zur Demo gegangen ist, weil der auf seinen Geburtstag fällt, an dem ihm zum Feiern zumute ist. Mit Gleichgesinnten. Backes ist begeistert. Er habe offensichtlich einen Feministen eingeladen, freut sich der Moderator. Die Ex-Gattin zuckt nur die Schultern und meint, Schuster habe wahrscheinlich geglaubt, was er sagte. Aus seiner Sicht habe er immer das Optimale für die Familie getan.
Seit Sommer 2004 hat sie einen neuen Lebensgefährten. Er kommt aus der Investmentbranche, Spezialgebiet Risikokapital, Hobby Privatflugzeug. Seit kurzem weiß sie, dass auch hinter ihm der Staatsanwalt her ist. Untreue, Kapitalerhöhungsschwindel, Urkundenfälschung und das Führen falscher Titel werden ihm vorgeworfen. Der Neue ist vor kurzem ausgezogen, weil er das Chaos nicht mehr ertragen wollte. Die Auflösung der Beziehung ist nur noch eine Frage der Zeit. „Der liebe Gott“, sagt die wieder mal alleinerziehende Mutter, „möge den dritten Manager verhindern“.

Kafka und der Kosovo

Die Polizei kommt spät in der Nacht. Überfallartig. Sie befiehlt der kosovarischen Familie Lokaj sofort zusammenzupacken.
Die schwer kranke Mutter bleibt zunächst zurück, der Vater wird mit drei Kindern in ein Land verfrachtet, in dem das Leben ein so trost- wie aussichtsloses Unterfangen ist.

Es ist wie im Fernsehen. Es ist Nacht, es regnet, und es klingelt. Herein stürmt die Polizei, wirft zuerst den Gummibaum im Flur um und dann die Schlafenden aus den Betten. Die Männer werden mit Handschellen gefesselt, die Mutter mit Stiefeln niedergehalten, ein Junge springt aus dem Fenster im Erdgeschoss und kann flüchten. Aber es ist kein Film. Es ist die Realität der Nacht vom 8. auf den 9. Oktober 2003. Es ist 1.40 Uhr in der Heslacher Neugereutstraße, mitten in Stuttgart. Packen heißt der Befehl, und da nützt es auch nichts, dass der Vater einen Brief des Stuttgarter Verwaltungsgerichts mit beiden Händen hochhält, in dem steht, dass von einer Abschiebung vorläufig abgesehen werde. Den Brief zerknüllen die Beamten und werfen ihn achtlos weg.
Die Lokajs sind zu sechst. Vater Syleimon (54) arbeitet als Maurer, die Kinder Arjan (18) und Ardiana (21) gehen zur Abendrealschule beziehungsweise ins Abendgymnasium, Sohn Arben (23) ist bei einem Reinigungsdienst, seine Schwester Arta (26) bei einer Fastfoodkette beschäftigt. Mutter Hateme (52) ist schwer herzkrank und leidet immer noch unter den traumatischen Bildern der frühen neunziger Jahre, als sie von den Serben vertrieben wurden. Der Vater ist seit 1993 in Deutschland, seine

Familie folgt zwei Jahre später nach und gewöhnt sich ein. Die Arbeiterwohlfahrt schreibt, dass die Lokajs durch „engagierte Integrationsbestrebungen" aufgefallen seien, dass ihr die Kinder als Dolmetscher in den Schulen halfen.

In dieser Nacht wird Syleimon Lokaj abgeführt. Im Schlafanzug, in Hausschuhen und Handschellen. Zusammen mit den Abendschülern Ardiana und Arjan, die nur das Nötigste einpacken dürfen, wobei das Wichtigste fehlt: Geld und warme Kleidung. Das eine wird nicht erlaubt, an das andere nicht gedacht, weil der kalte Kosovo weit weg ist. Sie bekommen nicht einmal eine halbe Stunde Zeit. Nur Arta, die ein Aufenthaltsrecht hat, und ihre Mutter dürfen bleiben. Eines ihrer Kinder hat es noch geschafft, den Notarzt übers Mobiltelefon anzurufen. Mit dem Rettungswagen wird Hateme Lokaj in die psychiatrische Notaufnahme des Karl-Olga-Hospitals gebracht. Für ihren Mann und die beiden Kinder steht ein vergitterter Polizeiwagen vor der Tür. Die Fahrt geht nach Ludwigsburg ins Industriegebiet hinter der Rundsporthalle, wo der trostlose Tross der Abzuschiebenden in einem Stockwerk über der Dekra versammelt wird. Auf dem Gang liegen Schulranzen, Koffer und Taschen. Es dürften etwa 50 Menschen sein, die hier warten, bis der Bus nach Baden-Baden fährt. Auf dem Flughafen Söllingen steht die Maschine, die um zehn Uhr abhebt und zwei Stunden später auf dem Rollfeld von Pristina, der Hauptstadt des Kosovo, ihre Fracht ausspucken wird. Die Menschen sind zurück in ihrer Heimat, aus der sie geflüchtet sind, weil ihr Leben bedroht war. Aber jetzt, behaupten deutsche Politiker, sei das ja Land wieder sicher.

Syleimon Lokaj war 15 Jahre lang Lehrer für Geschichte und Latein am Gymnasium von Decan, einem kleinen Ort, der aussieht wie viele andere. Halb fertige Häuser, Verkaufsbuden an der Straße, ein paar wacklige Steine auf dem Friedhof,

Kriegerdenkmale der UCK neueren Datums. Der Pädagoge hat in albanischer Sprache gelehrt, den Schülern von ihrer Tradition erzählt, bis ihn die Schergen von Slobodan Milosevic rausgeschmissen und alle seine Bücher verbrannt haben. Danach ist er geflohen und bei einem Stuttgarter Bauunternehmer untergekommen, der ihm bescheinigt, zur vollen Zufriedenheit gearbeitet zu haben. „Herr Lokaj ist für uns unersetzlich", teilt die Firma im April 2002 der Ausländerbehörde mit, man könne es sich unter keinen Umständen erlauben, eine „so wertvolle Arbeitskraft" zu verlieren.

Pea im Februar 2004. In der Provinzstadt, 90 Kilometer westlich von Pristina, finden wir Syleimon Lokaj, einen gebrochenen Mann. Noch immer hat er, als Ersatz für fehlende Unterwäsche, den Schlafanzug an, mit dem er vor fünf Monaten abgeschoben wurde. Darüber trägt er zerschlissene Stoffhosen und einen grünen Anorak, geschenkt von Verwandten. Die Sohle seines rechten Schuhs hat sich halb gelöst, er bewegt sich hinkend durch den Schnee, immer auf der Außenkante gehend, damit

Die Serben haben Vater Lokaj eine Ruine zurück gelassen.

die Füße nicht im Wasser stehen. Der schmächtige Lehrer, dem in der Nacht der Polizeiaktion auch noch zwei Zähne verloren gingen, spricht nicht viel. Er habe sein Wissen und Leben verloren, murmelt er – und den Glauben an die Gerechtigkeit. „Katastrophe" und „Tragödie" sind die Worte, die er am ehesten findet. Was soll er auch sagen, wenn die Familie in der Mitte zerrissen ist und die Arbeitslosigkeit in dem Land, in das er zurückgeworfen wurde, fast 80 Prozent beträgt? Vielleicht könne er noch bei einem Bauern Kohl schneiden oder Kartoffeln klauben, hofft der 54-Jährige. Die Hoffnung ist im Kosovo ein Pflänzchen, das kaum einer wachsen gesehen hat.

Die erste Zeit hat der Pädagoge mit seinen Kindern in einem feuchten Keller seiner Schwägerin verbracht, bis er gehen musste, weil sie Geld von ihm erwartete, das er nicht hatte. Danach hat er es in seinem Haus versucht, von dem die Serben nur noch die Mauern haben stehen lassen. Doch die Plastikplanen vor den Fensterhöhlen, die Strohballen als Matratze und der kleine Bullerofen in der Ecke haben vor der Kälte, die im Winter leicht zweistellige Minuswerte erreicht, nicht geschützt. Jetzt haust er bei seinem Bruder, der für ihn ein Zimmer mit acht Quadratmetern geräumt hat – zusammen mit seinen Söhnen Arjan und Arben, der vor wenigen Tagen „freiwillig" ausgeflogen ist. Arben sagt, er lebe lieber ohne Zukunft im Kosovo als illegal in Deutschland. Auch ihm, dem Fensterspringer, hat sein Arbeitgeber bescheinigt, eine ebenso zuverlässige wie „allseits beliebte" Kraft gewesen zu sein.

Glück hat vielleicht, wenn die Deporteure ein Einsehen haben, nur eine: die 21-jährige Ardiana. Und deren Glück heißt Daniel Hohn, weil er ein Deutscher und ein guter Junge ist. Manchmal ist er wie ein Bär, der sein Junges beschützt. Ein wenig tapsig, aber sehr liebevoll. Vor drei Jahren hat er Ardiana in der Abendrealschule kennen gelernt, vor einem Dreivierteljahr war er mit seinem „Schatz" auf dem Standesamt in Stuttgart-Zuffenhausen, um die Ehe anzumelden. Am 20. November 2003 haben sie in Decan geheiratet. „Wenn Dani nicht gewesen wäre, hätte ich mich umgebracht", sagt Ardiana. Der 21-Jährige hat sich zwei Tage nach ihrer Abschiebung ins Flugzeug gesetzt und ist mit sechzig Kilo Gepäck in Pristina gelandet. Als Erstes hat er sie aus dem Keller geholt und dann eine Wohnung in Pea gemietet, wo es zwar kein Geländer im Treppenhaus gibt, aber immerhin eine Elektroheizung, die maximal 16 Grad plus schafft, vorausgesetzt die Stromversorgung bricht gerade nicht zusammen. 300 Euro zahlt Daniels Familie für die beiden Zimmer, doppelt soviel, wie ein Lehrer im Monat verdient.

Für die gleichaltrige Ardiana ist ihre Heimat zu einem fremden, bedrohlichen Sperrbezirk geworden. Mit zwölf ist sie nach Stuttgart gekommen, spricht inzwischen besser Deutsch als Albanisch, gilt im Kosovo als Ausländerin und fühlt sich auch so. „All den Hass, den Fanatismus", sagt sie, verstehe sie nicht, so wenig wie die Enge der grauen Stadt, in der sie die einzige

Auf dem Marktplatz in Pea: Tochter, Schwiegersohn und Vater.

Frau in der Kneipe wäre, wenn sie sich in eine traute. Ins Internetcafé, das im Schaufenster Windows-XP-Kurse anbietet, könnte sie gehen. Aber dort sitzen nur kleine Jungs vor den Computern und spielen alle das gleiche Spiel: Counterstrike. Für einen Euro in der Stunde töten sie so viele „Terroristen" wie möglich. Im wirklichen Leben von Pea geschehen weniger Morde – zwei in der vergangenen Woche.

Pea mit seinen 140.000 Einwohnern wurde im Krieg zu 70 Prozent zerstört. Das war vor sechs Jahren, und seither haben die Einheimischen vieles wieder aufgebaut, wobei man den Eindruck hat, dass sie vor allem an Läden und Satellitenschüsseln gedacht haben. Voll sind allerdings nur die Dächer und Hausfassaden, den Geschäften fehlt es an Kundschaft, weil die Menschen mangels Kaufkraft und Arbeit zu Hause vor dem Fernseher hocken und Seifenopern gucken. Den Strom dazu zapfen sie illegal vom kommunalen Netz ab.

In dieser Ödnis, die durch das Eis auf den Gehwegen noch abweisender wirkt, leben Ardiana und Daniel seit fünf Monaten. Die zerbrechliche junge Frau, die gerade mal 42 Kilo wiegt, friert, auch wenn sie vier Decken übereinander schichtet. Sie hört mit dem Zittern nicht auf, weil das elektrische Heizgerät, wenn es denn funktioniert, nur lauwarm wird. Und das zermürbende Warten hat kein Ende. Ihr Anwalt hat gemeint, spätestens am Jahresende 2003 seien sie zurück, weil sie ein Ehepaar sind. Doch es gibt bis heute, Ende Februar 2004, keine Signale von den Stuttgarter Behörden, die eine baldige Rückkehr verheißen.

Stattdessen ist jetzt auch Mutter Lokaj akut gefährdet. Wenn sich auch nur ein Arzt findet, der ihr die Transportfähigkeit bescheinigt, sitzt auch sie im Flugzeug nach Pristina. Sie würde in ein Land kommen, das keine Psychotherapeuten hat, in dem seelisch kranke Menschen ausschließlich mit (alten) Medikamenten behandelt werden, die sie selbst bezahlen müssen, in dem die einzige Psychiatrie eine inhumane Verwahranstalt ist. Sie ist ein Teil der Uniklinik in Pristina, ein grauer, zweistöckiger Betonklotz, in dem an den Wänden der Stehklos das Wasser die Wände herunterläuft, in dem ein Arzt 72 Patienten betreut. Kriegstraumatisierte Menschen, die zum Teil jahrelang in Mehrbettzimmern liegen. Morgens zwischen sieben und halb acht bekommen sie ihre Pillen, danach sind sie sich selber überlassen, dämmern in den Tag hinein. Wer einen Besucher entdeckt, freut sich wie ein kleines Kind darüber, jemanden zu haben, dem er die schrecklichen Geschichten erzählen kann.

Hateme Lokaj hat eine Ahnung von diesen Zuständen, aber sie kennt sie nicht. Was sie erfahren hat, sind die Hausdurchsuchungen der serbischen Miliz, das Rollkommando der deutschen Polizei, das Klingeln, das alle Ängste wieder wach werden lässt. Die stille Frau ist suizidgefährdet, in Reichweite hat sie eine Vielzahl von Herzmitteln und Psychopharmaka. Abends sitzt sie im Dunkeln, aus Angst, sie könnte von der Straße aus

Mutter Lokaj fürchtet sich vor dem Licht.

gesehen werden. Wenn das letzte der verbliebenen Kinder, Arta, ihre Älteste, von der Spätschicht kommt, krampft sich ihr Herz beim Drehen des Schlüssels zusammen. Sie weint leise in sich hinein, als sie zum Abschied sagt: „Mein Mann sorgt sich um mich."

Auch das Stuttgarter Regierungspräsidium, das für die Abschiebung zuständig ist, könnte ahnen, wie es im Kosovo aussieht. Aber das ist nicht entscheidend. Ausschlaggebend sind die Paragrafen, und die besagen, dass die Lokajs nur geduldet waren. Außerdem kann die Behörde darauf verweisen, dass Syleimon Lokaj im Jahr 1998 einen Strafbefehl erhalten hat, der ihm Sozialbetrug zur Last legt. Was war passiert? Der Familienvater stand auf der Straße, als seine damalige Firma Konkurs angemeldet hatte. Nachdem er zwei Monate lang keinen Lohn erhielt, meldete er sich beim Arbeitsamt, dessen Leistungen er beim Sozialamt hätte angeben müssen. Das tat er nicht – aus Unkenntnis, wie die Arbeiterwohlfahrt betont. Das Amtsgericht Stuttgart errechnete daraus einen Schaden von 3017,38 Mark, eine Geldstrafe von 60 Tagessätzen à 20 Mark, und das waren exakt zehn Tagessätze zu viel. Hätte er nur 50 gehabt, wäre ihm eine unbefristete Aufenthaltsbefugnis, die der baden-württembergische Mittelstand für ausländische Beschäftigte forderte, nicht zu verwehren gewesen.

Dass er das Geld zurückzahlte, blieb für das Regierungspräsidium ohne Belang. Die Familie Lokaj musste weggeschickt werden, in ein Land, in dem sie keine Zukunft hat. Auf die Frage, ob er jemals im Kosovo war, antwortet der Sachbearbeiter vom Amt mit einem knappen „Nö". Es klingt, als empfände er allein die Frage als Zumutung.

Er müsste vielleicht mit Ardiana telefonieren, sie fragen, warum sie sich nicht mehr aus dem Haus traut. Nicht wegen der Kälte, sondern wegen der Nachrichten im Radio, die ihre Angst wachsen und den Mut sinken lassen. Fast täglich hört sie von Schießereien und Messerstechereien im Lokalsender von Pea. Zuletzt ist ein Politiker nur knapp einem Anschlag entgangen. Die Bombe in seinem Auto konnte noch rechtzeitig entschärft werden. Noch bedrückender ist freilich die Ungewissheit. „Man wartet vor sich hin", sagt Ardiana, „und versucht, die Hoffnung nicht zu verlieren." Ihre Stimme ist noch dünner und zittriger geworden.

Die junge Frau würde niemandem zur Last fallen. Ihre Schwiegereltern, die Zuffenhausener Eheleute Hohn, halten zwei Zimmer für die beiden bereit, sichern ihren Lebensunterhalt, und bieten an, die Abschiebekosten zu übernehmen. Wichtig sei nur, betont Schwiegermutter Jutta Hohn, dass das verzweifelte Warten aufhöre. So hat sie es auch dem baden-württembergischen Innenminister Thomas Schäuble (CDU) geschrieben, der ihr immerhin versichert, alle Argumente „angemessen zu berücksichtigen". Wenn er auf seinen Richtlinien beharrt, werden die Hohns noch viel Geduld aufbringen müssen. Laut den Bestimmungen des Innenministeriums kann Ardiana frühestens nach einem Jahr zurückkehren, es können aber auch drei Jahre werden. Das liegt im Ermessen Schäubles – wie der ganze Fall Lokaj. Noch argumentiert der Christdemokrat formal, und verweist auf den Status der Familie. Die Lokajs seien seit Oktober 2000 nach einem erfolglosen Asylverfahren „vollziehbar ausreisepflichtig" gewesen. Eine Aufenthaltsbefugnis sei ausgeschlossen gewesen, nachdem Syleimon Lokaj zu der Geldstrafe verurteilt wurde.

Damit ist die Familie an ihrem Schicksal selbst schuld, auch wenn für den Minister „jeder Fall bedauerlich" ist, in dem zum Mittel der Abschiebung gegriffen werden müsse. Für die schwer kranke Mutter Hateme gilt keine Ausnahme. Sie wird nur so lange geduldet, bis das Bundesamt für die Anerkennung ausländischer Flüchtlinge entschieden hat. Falle dessen Beschluss negativ aus, müsse auch sie mit ihrer Abschiebung rechnen, es sei denn, sie reise „freiwillig" aus. In Schäubles Amtsstuben wird dabei davon ausgegangen, dass Mutter Lokaj transportfähig ist. Die ärztlichen Atteste böten keine konkreten Anhaltspunkte dafür, schreibt die Behörde, dass die Abschiebung „mit beachtlicher Wahrscheinlichkeit zu einem Gesundheitsschaden führt". Und was ihre posttraumatischen Störungen anbelange, sei nicht nachgewiesen, inwieweit Hateme Lokaj vom Krieg im Kosovo „persönlich konkret betroffen war". Die von Frau Lokaj geäußerten Selbstmordgedanken führten, so die Ferndiagnose des Ministeriums, zu keinem anderen Ergebnis.

Da trifft es sich gut, dass auch die Stuttgarter Staatsanwaltschaft kein Fehlverhalten erkennt – auf behördlicher Seite. Sie stellt die Ermittlungen gegen die Polizisten ein, die in der Nacht über die Lokajs gekommen waren. Weder unrechtmäßiges Verhalten der Beamten noch Körperverletzung im Amt mochten die Strafverfolger erkennen. Es habe nicht festgestellt werden können, begründet die Behörde, dass Syleimon Lokaj zwei Zähne ausgeschlagen wurden, vielmehr sei dem Einsatzleiter bereits vorher der schon schlechte Zustand der vorderen Zähne des Vaters aufgefallen. Außerdem habe die Tür zum Schlafzimmer nur mit großer Mühe aufgetreten werden können, weil sich Syleimon Lokaj mit seinem Körpergewicht von „ungefähr 120 Kilogramm dagegenstemmte". Der schmächtige Mann wiegt keine 70 Kilogramm. Auch der Polizeipräsident nimmt seine Untergebenen in Schutz. Die Vorwürfe gegen sie entsprächen nicht den Tatsachen, schreibt er und räumt zugleich ein, dass die Familie eine andere Wahrnehmung haben kann. Zitat: „Wenn den unanfechtbaren behördlichen Anordnungen nicht freiwillig Folge geleistet wird, stellt sich deren Vollzug mittels unmittelbaren Zwangs immer als Gewalteinwirkung dar, die Betroffene in ihrem Einzelfall als unangemessen empfinden mögen." Im Übrigen könne sich die Polizei eine angenehmere Arbeit vorstellen.

Doch der Protest verstummt nicht. Politiker, Pfarrer, Leserbriefschreiber setzen sich für die Lokajs ein. Etliche von ihnen erinnern an die Nazizeit, an Schreibtischtäter, die sich die Hände nicht schmutzig machen wollten, an gewissenlose Ausführende, die sich auf höhere Befehle berufen. Einer schickt eine Zeichnung von Kurt Halbritter mit, die eine Mutter zeigt, wie sie ihr Kind an einem Lastwagen vorbeizerrt, auf den Juden verladen werden. Das Kind fragt: Mutti, wo fahren die vielen Leute denn hin? Die Mutter antwortet: Aufs Land. Der Schauspieler und Tatort-Kommissar Jochen Senf ist tief erschüttert und will wissen, was er für die Familie tun kann. Danach verkürzt Minister Schäuble, der später Chef der Brauerei Rothaus werden wird, die Einreisesperre für Ardiana von drei Jahren auf eines. Vater Syleimon sowie die Söhne Arjan und Arben müssen bleiben.

Am 4. Juli 2004 ist Ardiana wieder in Stuttgart. Neun Monate des Wartens und der Ungewissheit haben eine Ende.

„Ich kann es noch gar nicht glauben", sagt die junge Frau, die im leichten schwarzen Kleidchen auf dem Echterdinger Flughafen steht. Bei 35 Grad ist sie in Pristina in die Maschine von „Hamburg International" gestiegen, einen Spätzlesdrücker im Gepäck, aber immer noch unsicher darüber, ob sie auch wirklich mitgenommen wird. „Selbst im Flugzeug", erzählt sie, „habe ich noch Zweifel gehabt, dass wir auch in Stuttgart landen." Die vielen Monate im Kosovo, die sie wie eine Zwangs-

jacke empfunden hat, die sie den Glauben an eine Rückkehr haben verlieren lassen, sie haben ihre Spuren eingegraben.
Die vergangenen Wochen haben die Angst nicht kleiner werden lassen. Zwar gab es da auch den Beschluss des Petitionsausschusses im baden-württembergischen Landtag, dass ihre Einreisesperre aufgehoben ist, aber das hieß noch lange nicht, dass damit auch das Visum ausgestellt gewesen wäre. Das deutsche Verbindungsbüro in Pristina beschied die jungen Eheleute kühl, der Gang der Dinge dauere mindestens zwei Monate, daran ändere auch die Entscheidung irgendeines Gremiums nichts. Es bedurfte erst der Intervention des stellvertretenden SPD-Fraktionsvorsitzenden in Berlin, Gernot Erler, um die Beamten von der Notwendigkeit zu überzeugen, ihren Stempel zügig unter die Ausreisepapiere zu setzen.
Das sind die Geschichten, die auch an jenem Samstagnachmittag wieder erzählt werden, an dem die Familie Hohn ihre Schwiegertochter in die Arme schließen kann. Es sind die kafkaesken Kämpfe mit dem Innenministerium, dem Regierungspräsidium, dem Ausländeramt, mit den Paragrafen des Ausländerrechts, die jeden zu erdrücken drohen, der keinen Beistand hat. Schwiegermutter Jutta Hohn, die wie eine Glucke für ihr Kleines mit den Flügeln geschlagen hat, bringt es auf den einfachen Nenner: „Ohne Hilfe bist du verloren." Die Rechnung des Regierungspräsidiums verschmerzt sie in diesem Augenblick des Glücks. Zu zahlen haben sie 1400,35 Euro. Für den Transport vom Sammellager Ludwigsburg zum Flughafen Söllingen berechnet der Staat 501,24 Euro, für den Flug nach Pristina 711,87. Ein normales Ticket, hin und zurück, kostet 230 Euro.
Der SPD-Abgeordnete Ulrich Maurer war einer der wichtigsten Helfer, und er sagt es anders. „Das ist ein Lichtblick in dem politischen Elend", betont der Anwalt, der heute zur Linkspartei

gehört. Er hat dafür gesorgt, dass der Staatsanwalt gegen den Polizeieinsatz ermittelte, er hat dem kleinen Schäuble ins Gewissen geredet und den Genossen Erler in Marsch gesetzt. „Das hat Sinn“, knurrt Maurer, und wehrt damit den Dank der Familie ab. Einer wie er grinst eben, wenn Ardiana versichert, sie werde nach dem Abi Jura studieren, und dann als Anwältin für Ausländerrecht arbeiten. Sie könne als lebenserfahrene Praktikantin in seine Kanzlei kommen, bietet Maurer an und verabschiedet sich mit einem formvollendeten Ciao Bella.
Im August 2005 reist Ardiana in den Kosovo, so wie sie es immer tut, wenn am Abendgymnasium Ferien sind, und sie sich bei der Lebenshilfe, einer karitativen Einrichtung, frei machen kann. Dort betreut sie tagsüber geistig Behinderte. Sie will nach ihrem Vater schauen, ihrer Mutter, die, wie erwartet, im Mai 2004 „transportfähig“ genug war, um abgeschoben zu werden, und nach ihrem jüngsten Bruder Arjan, der begonnen hat, Germanistik, Englisch und Philosophie zu studieren. Um Arben braucht sie sich nicht mehr zu kümmern. Er hat vor einem Jahr seine deutsche Freundin geheiratet und durfte zurück. Wenn man Ardiana fragt, wie es ihren Eltern geht, entgegnet sie nur: Wie soll es ihnen gehen? Schlecht. Das Haus ist inzwischen fertig und hat sogar eine Satellitenschüssel auf dem Dach, über die deutsche Programme zu empfangen sind. Aber der Vater habe die Hoffnung auf eine eigene bessere Zukunft aufgegeben, berichtet sie, im Grunde sei er lebendig begraben. Eine Arbeit findet er nicht, wie auch, wenn es keine gibt. Er mag darüber auch nicht mehr sprechen, blockt alle Fragen dazu ab. Er will nur noch wissen, ob seine Kinder genug lernen und zufrieden sind.
Syleimon Lokaj, der Geschichtslehrer, der sein Diplom immer noch aufbewahrt wie ein Schatz, pflanzt Kartoffeln und Kohl an, damit sie etwas zu essen haben. Er kocht für seine gemüts-

kranke Frau, die sich nur noch zwischen Couch und Bett bewegen kann. Die Medikamente bezahlen die Kinder. Sie überweisen monatlich 300 Euro. Er lächelt nur, wenn ihm Ardiana erzählt, dass sie Fortschritte im Lateinischen gemacht hat.

Die Belagerung von Böttingen

In Böttingen haben sie gedacht, Osama bin Laden versteckte sich in ihrem Dorf. So groß war das Polizeiaufgebot in der kleinen Gemeinde bei Spaichingen. Aber es war nur eine 34-jährige Schwarzafrikanerin, die sich dagegen wehrte, dass ihr die Kinder weggenommen wurden.

Es ist der 1. April 2004, 10 Uhr morgens, und es ist kein Scherz. Die Frau vom Jugendamt begehrt Einlass in der Hauptstraße 12, wo die Nigerianerin Anitea L. mit ihren Kindern Michael und Dennis wohnt. Sie wolle die beiden Söhne mitnehmen, sagt die Vertreterin der Behörde. Um ihrer Forderung Nachdruck zu verleihen, hat sie zwei Beamte vom Polizeirevier Spaichingen mitgebracht. Anitea L. öffnet nur das Fenster im Erdgeschoss. Den zweijährigen Michael trägt sie wie immer auf dem Rücken, in der rechten Hand hat sie ein Messer. Damit habe sie gedroht, den Buben umzubringen, wird die Polizei später erklären. Das, womit sie herumfuchtelt, wird mal als Fleischer-, mal als Brot- oder Küchenmesser bezeichnet. Was auch immer es war – es ist der Beginn einer Kettenreaktion.
Um 10.08 Uhr berichten die beiden Polizisten ihrer Dienststelle von der Lage. Von dort geht der Notruf zur Direktion in Tuttlingen, die sofort das Spezialeinsatzkommando (SEK) Geiselnahme aus Göppingen anfordert. Um 10.30 Uhr erhält Böttingens Bürgermeister Gerhard Minder die Order, seine Mehrzweckhalle zu übergeben. Dort müsse ein Lage- und Pressezentrum eingerichtet werden, sagt ihm der Tuttlinger Polizeisprecher. Man erwarte viele Medienvertreter. Währenddessen rücken

45 Uniformierte in Mannschaftsbussen an, im Konvoi sind auch drei Krankenwagen und eine Verhandlungsgruppe mit Psychologen. Die Hauptstraße 12 wird weiträumig abgesperrt. Damit ist der Ortskern dicht. Ein verschreckter Bauer, der von der Bubsheimer Straße heruntereilt, fragt, ob sich Osama bin Laden in dem Haus versteckt halte. Schultes Minder, der zunächst von einem Überfall auf die benachbarte Volksbank ausgegangen ist, rät ihm, am nächsten Tag in die Zeitung zu schauen.

Gegen 11.30 Uhr fliegen zwei Piloten das zehnköpfige SEK mit dem Hubschrauber ein: durchtrainierte Männer mit schusssicheren Westen, Helmen, schwarzen Masken und Maschinenpistolen. Sie erkundigen sich bei Franz Mattes, dem Vermieter von Anitea L., nach Zugängen über den Keller und das Dach. Der Rentner sieht noch einen Schwarzvermummten im Flur knien, mit der MP im Anschlag, und dann geht alles ganz schnell. Das SEK dringt in die Wohnung ein, überwältigt die zierliche Mutter und entreißt ihr das Kind. Um 12.02 Uhr, mit dem letzten Glockenschlag von Sankt Martinus, ist die Lage bereinigt, wie das Einsatzprotokoll festhält. Anitea L. wird in Handschellen abgeführt. Sie wirft sich auf den Boden und bittet darum, wenigstens mit der Sekretärin des Bürgermeisters, ihrer Vertrauten im Dorf, sprechen zu dürfen. Es wird ihr verwehrt. Mit einem „Nix für unguat“ verabschieden sich die Beamten von dem 85-jährigen Mattes.

Der kleine Michael wird in ein Polizeiauto verfrachtet, sein zehnjähriger Bruder Dennis aus der Schule geholt. Beide werden zu einer Pflegefamilie in einer Nachbargemeinde gebracht. Ihre Mutter wird zur Vernehmung weggefahren, anschließend nach Schwäbisch Gmünd ins Frauengefängnis überführt, das Gotteszell heißt. Der Haftbefehl lautet auf Geiselnahme, und Tuttlingens Polizeichef Ralf Thimm, der den Einsatz geleitet hat, bilanziert, dass die Maschinerie notwendig war, um den Schutz des Kindes zu gewährleisten. Im Übrigen entwickle eine solche Geschichte ihre eigene Dynamik. Später wird einer seiner Kollegen hinter vorgehaltener Hand fragen, ob das alles hat sein müssen?

Thimm muss nichts von Anitea L. wissen, er hat nur Amtshilfe geleistet. Hätte er etwas gewusst, wäre er vielleicht vorsichtiger gewesen. Die 34-Jährige hat einen harten Weg hinter sich. Sie war eines von sechs Kindern eines Bauern, der nahe der nigerianischen Stadt Benin seine Felder hatte. Palmöl und Kartoffeln waren die Lebensgrundlage. Die Schulzeit reichte nicht, um lesen und schreiben zu lernen. Danach lernte sie schneidern. Was sie auch lernt ist, dass in dem Bürgerkriegsland Kinderraub üblich ist. Über diese Zeit spricht sie nicht. Sie muss zu verheerend für ihre Seele gewesen sein, als dass sie sich daran erinnern möchte.

Im Dorf haben sie gedacht, Osama bin Laden versteckte sich bei ihnen.

Mit 21 lernt sie den bayerischen Seemann Christian L. kennen, heiratet ihn in Mauretanien und erfährt erst später, dass er bereits verheiratet ist. Ihr Mann sei schlecht gewesen, erzählt sie, aber verprügelt habe er sie nicht. Er nimmt sie mit nach Deutschland, versucht sich im Autohandel, wechselt ständig die Wohnorte, bis sie 1999 in Böttingen landen. Mit den Kindern Eduard, Dennis und Michael und einem Wohnmobil. Der Kleinste ist kaum geboren, da verlässt Christian L. seine Frau, taucht ab. Heute sitzt er wegen des Verdachts des Drogenhandels in Bolivien im Knast, die deutsche Botschaft fordert Geld von Anitea für erbrachte Leistungen. Um der Lage Herr zu werden, schickt sie den Ältesten zu ihrer Schwester Elisabeth nach Benin, wo Edi zur Schule geht. Im März erfährt sie, dass Elisabeth im Februar gestorben ist, zu spät, um noch zur Beerdigung zu kommen. Die Katholikin hat sich dafür geschämt.
Die Nigerianerin putzt in Böttingen die Bushaltestellen und Telefonzellen für zwei Euro die Stunde, und wenn sie nicht weiterweiß, sucht sie bei der Sekretärin des Bürgermeisters Hilfe. Annerese Schutzbach sorgt dann dafür, dass der Strom wieder angestellt und der Schriftverkehr mit dem Sozialamt erledigt wird. Die attraktive Frau habe Handflächen wie Reibeisen gehabt, erzählen die wenigen Böttinger, die sich um sie gekümmert haben.
Bernd Mager, der Leiter des Tuttlinger Sozialamts, kennt Anitea L. nicht persönlich, nur aus den Schilderungen seines Personals. Die Dame sei sehr pfeffrig, referiert er die Mitteilungen aus dem Jugendamt. Dort sei sie durch aggressives, rabiates Verhalten aufgefallen. In der örtlichen Presse ist die Rede davon, sie habe zwei Polizisten mit einer Kettensäge bedroht. Die Berichterstattung über den 1. April fällt entsprechend aus. „Polizei überwältigt 34-jährige Geiselnehmerin“ titelt der Heuberger Bote. Auch Bürgermeister Minder erinnert sich daran, wie Anitea L. einst in

sein Büro gestürmt ist und ihn wüst beschimpft hat. Aber sie hat auch sofort um Verzeihung gebeten. „Für mich war die Sache damit erledigt“, beschwichtigt der Schultes. Minder ist diese Klarstellung wichtig, seitdem er im Dorf verdächtigt wird, der Drahtzieher der martialischen Aktion zu sein. Nie, sagt er, habe er mit dem Jugendamt in dieser Angelegenheit gesprochen. Er weiß nur, dass die Frau sich und anderen das Leben nicht leicht gemacht hat. Woher die Klagen über die angebliche Verwahrlosung der Kinder kamen, vermag auch Minder nicht zu sagen. Es seien besorgte Bürger gewesen, deutet Mager dunkel an. Sie hätten gemeldet, dass Anitea L. ihre Kinder tagelang allein gelassen beziehungsweise in der Garage eingesperrt habe, die Vorhänge geschlossen gewesen seien und die Mutter nicht zu sehen gewesen sei.

Der Vermieter Mattes, der im Haus wohnt und die Familie häufig besucht hat, kann nichts davon bestätigen. Gefragt worden

Ein bisschen Glück, mehr wollte Anitea nicht.

ist er nie. Er kennt nur das Geraune, das Kopfschütteln über die exotische Zugereiste, die ihr Kind selbst im Winter, beim Putzen oder Zeitungsaustragen, auf dem Rücken festgebunden hat. In Böttingen, der 930 Meter hoch am Heuberg gelegenen 1400-Seelen-Gemeinde bei Spaichingen, kann es sehr kalt werden. Daraufhin, begründet Mager, sei das Jugendamt eingeschritten. Doch jedes Mal, sowohl im Herbst 2002 wie ein Jahr später, seien seine Mitarbeiter abgewiesen worden, ihre angebotene Hilfe ebenso. Erst am 22. März 2004 hätten sie bei einem unangekündigten Besuch mit der Polizei Zutritt erhalten und dabei Mutter, Kinder und Wohnung in einem verwahrlosten Zustand vorgefunden. Von sofort an habe „Gefahr für Körper, Psyche und Seele" der Kinder bestanden.

Ein Besuch in der Hauptstraße 12 offenbart davon nichts. Vielleicht sind die vier Zimmer nicht so ordentlich, wie es der Albbewohner gewohnt ist, aber die gutbürgerlichen Schränke und das Sofa in der Stube machen einen sauberen Eindruck. Im Kinderzimmer hängt ein Dschungelbuch-Plakat an der Wand, im Kühlschrank lagern Eier, Wurst und Gemüse. Auch der Schlafraum wäre aufgeräumt, wenn da nicht die durchwühlten Schränke wären, die nach der Hausdurchsuchung zurückgeblieben sind. „Von Verwahrlosung", sagt Vermieter Mattes, „habe ich nie etwas bemerkt." Im Gegenteil, die Mutter habe ihre Kinder gut behandelt. Sie habe immer davon gesprochen, dass ihre Buben lesen und schreiben können sollten. Der Große sollte Professor und der Kleine General werden.

Auch Schulleiter Robert Frech wundert sich. Dennis sei gepflegt gekleidet und gut ernährt gewesen und habe keine Verhaltensauffälligkeiten gezeigt, meint der Pädagoge. Dieses Kind könne jedenfalls nicht der Beweis für eine Misshandlung sein. Mehr will er dazu nicht sagen, weil ihn das Schulamt aufgefordert hat zu schweigen. Hubert Fetzer, der Pfarrer im Ruhestand, hat

Dennis im Kommunionunterricht und schätzt ihn als emsigen Ministranten. Es sei ein leises, liebes Kind, urteilt der 73-Jährige und erzählt, wie die Kinder, die sich auf die Kommunion vorbereiten, für Dennis gemalt und geschrieben haben. Rührende Bilder und Texte („Komm bald wieder"), die er dem Kleinen gerne selbst gebracht hätte. Aber er durfte ihn nicht besuchen. Das würde den Jungen zu sehr durcheinander bringen, wurde ihm vom Jugendamt gesagt. Im Amtsblatt versichert Sozialdezernent Mager, selbstverständlich würden sie darauf achten, dass die bestehenden Verbindungen der Kinder zu Freunden der Kirche aufrechterhalten bleiben.
Pfarrer Fetzer kann seine Eindrücke nicht am Stück schildern. Er sitzt bei Margret Marquart am Küchentisch, isst Maultaschen und Kartoffelsalat und wird immer wieder vom Klingeln an der Haustür unterbrochen. Draußen stehen Kinder und bringen Unterschriftenlisten, mit denen die Böttinger gegen das „Unglaubliche und Unvorstellbare" protestieren. 300 sind es bereits, die das „Vorgehen der behördlichen Kräfte als eine Schande" empfinden. „Wer Wind sät, wird Sturm ernten", warnt Marquart, die den Aufruf initiiert hat. Die 76-jährige Missionsärztin weiß, warum sie das tut. Sie war 22 Jahre lang in Afrika, kennt das dortige Elend und das hiesige von ihrer Arbeit in der Abschiebehaft im Rottenburger Gefängnis. Für ihren Einsatz in Uganda und Ghana hat sie das Bundesverdienstkreuz erhalten – und zurückgegeben, als sie erlebte, was es heißt, in Abschiebehaft zu sitzen. Davon hat sie auch Erwin Teufel im benachbarten Spaichingen berichtet. Der Ministerpräsident sei beeindruckt gewesen, erinnert sich die schwer kranke Frau, die kurz danach stirbt. Die katholische Kirchengemeinde Sankt Martinus zählt Margret Marquart zu ihren berühmtesten Persönlichkeiten, und deshalb hat sie auch sofort eingewilligt, neben dem Taufbecken eine Box aufzustellen, in der weitere Unterschriften gesammelt

werden. Das ist erstaunlich in einem Flecken, in dem man lieber unter sich bleibt und Menschen wie Anitea L. Fremdkörper sind. Doch das Mitgefühl ist jetzt da, auch wenn es bei vielen offenbar erst die Katastrophe brauchte, um wach zu werden.

Bei den behördlichen Kräften spürt man weniger. Sozialdezernent Mager sagt, sein Amt handle stets mit Augenmaß, schnell und völlig korrekt, wie auch in diesem Fall, der zum ersten Mal Unruhe erzeugt habe. Polizeichef Thimm betont, für derartige Lagen gebe es landesweit einheitliche Standards, Alternativen seien nicht möglich gewesen. Und beide Amtsträger verweisen darauf, dass sie mit dem Vorgehen des jeweils anderen nichts zu tun haben. Jeder verrichte seinen eigenen Job. Nur Bürgermeister Minder ist etwas eingefallen, was so einfach wie überzeugend klingt. Anstatt an ein Pressezentrum zu denken, in das niemand wollte, hätten Jugendamt und Polizei besser bei ihm angerufen und um Vermittlung gebeten. „Dann wäre ich mit meiner Sekretärin gekommen", versichert der Schultes, „und wir hätten die Sache geregelt."

So geht jetzt alles seinen bürokratischen Gang. Die Kinder haben erst einmal keine Mutter mehr, Anitea L. erwartet einen Prozess, den sie nicht versteht, und die Staatsanwaltschaft Rottweil bereitet eine Anklage vor, die ihr vorwirft, ihr eigenes Kind als Geisel genommen zu haben. Gemäß Paragraf 239b Strafgesetzbuch, erläutert der Staatsanwalt, zieht Geiselnahme eine Freiheitsstrafe nach sich, die nicht unter fünf Jahren liegt. Sie könne aber auch 15 Jahre dauern. Die Akte (12 Js 3998/04) der emsigen Ermittler umfasst 460 Seiten und erscheint ihnen als ausreichende Beweislage für einen „erpresserischen Menschenraub". Trotz oder gerade wegen der politischen Proteste, die von Stuttgarts Altoberbürgermeister Manfred Rommel bis zu den Grünen im Landtag reichen, bleibt die Staatsanwaltschaft bei ihrer harten Linie. Unterstützung findet sie bei Innenminister

Thomas Schäuble (CDU), der keine Anhaltspunkte für ein unverhältnismäßiges Vorgehen erkennt. Mit einem folgerichtigen Einsatz, konstatiert der Politiker, sei es gelungen, die Nigerianerin und ihr Kind „völlig unversehrt fest- bzw. in Obhut zu nehmen". Auch die Kosten seien im Rahmen geblieben: 3771,30 Euro für das SEK, 5468 Euro für den Rest plus 550 Euro Sachkosten.

Anitea L. kommt nach fünf Wochen aus der U-Haft frei. Niemand in Böttingen, auch nicht ihr Anwalt, erfährt so rechtzeitig von ihrer Entlassung, dass man sie hätte abholen können. „I bin nur gerannt away, weg von dem Prison", berichtet die Schwarzafrikanerin, die bis heute schwäbische und englische Brocken durcheinander wirft. Oberstaatsanwalt Albrecht Foth, der gegen sie ermittelt, betont, eine Benachrichtigung dritter habe sich erübrigt, zumal sie 400 Euro in der Tasche gehabt habe, die für die Fahrt von Schwäbisch Gmünd nach Böttingen wohl ausgereicht

Anitea unter Freunden, als sie noch Freunde waren.

hätten. Es war das Kindergeld, versichert Anitea L., das sie einen Tag vor ihrer Verhaftung von der Bank abgeholt habe.

Doch plötzlich ist in Böttingen alles möglich. Die Caritas steht bereit und die Arbeiterwohlfahrt. Eine pensionierte Lehrerin wird sie in Schreiben und Lesen unterrichten, die Krankengymnastin Monika Schmalzried fährt mit ihr auf die Ämter, ihr Anwalt Karl-Werner Bode, im Ehrenamt CDU-Vorsitzender in der Nachbargemeinde Gosheim, will ihr einen Job verschaffen. Das Jugendamt stellt eine Familienhelferin, psychologische Betreuung – und die Kinder sind wieder daheim. „So schnell, wie Dennis zur Mutter gerannt ist, konnten wir gar nicht gucken", erzählt Monika Schmalzried, die sich wie eine Mutter um ihr Kleines kümmert. Anitea L. sitzt im schmalzriedschen Haus, das von einer Hundertschaft von Gartenzwergen bewacht wird, isst Erdbeertörtchen und trinkt Kaffee. Wäre da nicht das Drama zuvor gewesen, könnte man meinen, es handle sich um ein Damenkränzchen, das sich über den neuesten Dorfklatsch amüsiert. So sehr wird geherzt und gelacht, und die plötzlich Geliebte erfährt etwas, was ihr ein Leben lang verwehrt wurde: Glück. Aber das ist nur die halbe Wahrheit. Die neuen Freundschaften, die entstanden sind, die Fürsorge, sind das eine, die Geschichte der Anitea L., die mit einer angeblichen Geiselnahme endete, ist das andere. Wer weiß, ob andere daran nicht zerbrochen wären. Nicht diese Frau. Sie wolle schaffen, egal was, sagt sie, so wie sie es immer getan habe, seit sie laufen könne.

Im Tuttlinger Jugendamt, das die beispiellose Aktion ausgelöst hat, wird inzwischen nachgedacht. „Wenn das SEK nicht gewesen wäre", glaubt Dezernent Bernd Mager, „wäre die Sache nicht so hochgekocht". Der frühere Referent des CDU-Granden Volker Kauder pendelt heute zwischen Amtsloyalität und der Einsicht, dass auf dem Heuberg überreagiert wurde. Er führt wieder die anonymen Hinweise und die schmutzige Wohnung

an, einen in „Lumpen gekleideten“ und abgemagerten Michael, betont, dies sei der Eindruck seiner Mitarbeiterin gewesen, und verweist auf das Familiengericht, das letztlich die Entscheidung getroffen habe, der Mutter das Sorgerecht zu entziehen.
Überzeugend, und das weiß Mager, klingt das nicht. Beim Kaffeekränzchen wiederum erzählen sie, die Pflegemutter von Michael habe selten so gelacht wie über den vom Jugendamt attestierten lebensbedrohlichen Zustand des Zweijährigen. So einen schweren Brocken habe sie noch nie auf dem Arm gehabt, soll sie gesagt haben.

Ein Jahr später wird Anitea L. der Prozeß gemacht.

Verhandelt wird vor dem Tuttlinger Amtsgericht. Die Staatsanwaltschaft hat sich, in der Zwischenzeit etwas vorsichtiger geworden, auf eine Geiselnahme im minderschweren Fall festgelegt. Darauf steht ein Jahr Freiheitsstrafe. Der Richter ist ein gütiger älterer Herr, der Oberstaatsanwalt sitzt wie ein sprungbereiter Tiger hinter seinem Tisch, Aniteas Anwalt ist neu und ihr Vorname auch. Nach der Kontrolle ihres Passes heißt sie fortan Anita.
Die Verhandlung ist noch keine Stunde alt, der Richter erklärt ihr, dass in Deutschland Recht und Ordnung herrschen, als beißender Gestank das Gerichtsgebäude durchzieht. Unbekannte Täter haben Buttersäure versprüht, die Polizei spricht von einem gezielten Anschlag. Die Verhandlung wird abgebrochen, drei Tage später wieder aufgenommen, mit jenen Polizisten im Zeugenstand, die am meisten gesehen haben. Ihre Berichte klingen so gar nicht nach Geiselnahme.
Sie haben zusammen gelacht und Faxen gemacht – die beiden Kriminalkommissare und der kleine Michael. Der Zweijährige stand auf dem Sofa, guckte nach draußen, wo die Polizisten

waren und mit seiner Mutter durchs gekippte Fenster sprachen. Wenn sie nicht gerade Grimassen schnitten. Das muss der Kleine sehr lustig gefunden haben, zumal ihn seine Mutter zwischendurch immer mit Keksen und Orangensaft versorgte. Aber es war kein Spaß, es war bitterer Ernst. Anita L. sollte Michael herausgeben, und deshalb redeten die Kommissare so lange mit ihr. Länger als eine Stunde. Sie wussten, dass das SEK nur darauf wartete, die Wohnung zu stürmen. Aber die Mutter wollte die Tür nicht öffnen. „Sie hat wie eine Mutter reagiert, die ihr Kind schützen will“, sagt einer der beiden Polizisten im Gerichtssaal. Ein Messer in ihrer Hand hat er, wie etliche seiner Kollegen, nicht gesehen.

Das Messer. Damit soll die Nigerianerin gedroht haben, ihren Kleinsten umzubringen. Auch im Gerichtsaal wird es ein Mal als Küchenmesser, ein anderes Mal als Fleischermesser bezeichnet. Hinterher stellt es sich als stumpf heraus. Der Vermieter im Haus erzählt, es sei das Spielzeug von Michael gewesen und sie würde ihren Kindern nie etwas antun. Seit dem SEK-Einsatz ist seine zuckerkranke Frau bettlägerig. Die zuständige Mitarbeiterin im Jugendamt gibt zu Protokoll, es sei ein „riesengroßes Schlachtermesser“ gewesen und damit habe Anita L. schabende Bewegungen am linken Fuß ihres Sohnes ausgeführt. Auf die Frage des Richters, wie es wohl gehe, sein Kind behalten und töten zu wollen, schweigt sie und spielt mit ihrem Stofftier am Schlüsselbund. Später sagt die diplomierte Sozialpädagogin, sie sei erfahren im Umgang mit einer schwierigen Klientel.

Der Richter Claus Fieser hat ein schweres Amt. Dem Jugendamt erscheint die Nigerianerin als Monster, das einen aus weit aufgerissenen Augen anstarrt und schlimme Verwünschungen ausstößt. Der Staatsanwalt will sie der Geiselnahme überführen, weil sie „Blut fließen“, „Einer heute sterben“ gerufen und mit ihren Brüdern aus der Heimat gedroht haben soll. Und die

Nachbarn, die sie kennen, berichten, Anita L. sei eine zwar impulsive, aber eine gute Frau und Mutter.
Fieser will die Widersprüche klären. Väterlich, fast großväterlich belehrt und fragt er seine Zeugen, und man merkt ihm an, dass er längst gespürt hat, wie an jenem 1. April 2004 mit grobem Geschütz auf einen renitenten Spatz geschossen wurde, der sich im Dickicht deutscher Ordnung verheddert hatte. Aber der graubärtige Amtsrichter weiß auch, dass hier im Gerichtssaal keiner sein Gesicht verlieren will. Natürlich hat das Jugendamt alles richtig gemacht, die Polizei nur getan, was getan werden musste, und die Staatsanwaltschaft hat angeklagt, was angeklagt werden musste. Die Böttinger Belagerung durch 55 Polizisten kann nicht sinnlos gewesen sein. Dazu war sie zu aufwendig, zu teuer und politisch zu auffällig. Fieser, so steht zu erwarten, wird die Schwarzafrikanerin also bestrafen müssen, auch wenn am Ende nur der Tatbestand der Nötigung stehen sollte.
Der Anwalt der Angeklagten, der Stuttgarter Strafverteidiger Markus Bessler, sagt dazu etwas sehr Richtiges: „Sie wollen rechtfertigen, nicht verstehen." Er meint das Jugendamt, die Polizei, den Staatsanwalt und die Biografie seiner Mandantin. Anita L., die sich am ersten Tag mit einer Handtasche, am zweiten mit einem Schirm gegen die Fotografen schützt, ist kein Engel. Sie kann mit der Motorsäge oder einem Bügeleisen drohen oder den Bürgermeister als Nazischwein beschimpfen, wenn sie sich bedrängt fühlt. Anita L. ist so schwierig wie ihr Leben. Die vielen Freunde hat Anita L. erst nach der Belagerung bekommen. Sie habe nur eines gewollt, erzählt eine Böttinger Freundin, die sie nach ihrer Haft bei sich aufgenommen hat: einen Mann, der arbeitet und für den sie ein schönes Zuhause schaffen könne. Den Mann hat sie jetzt, aber die Freunde hat sie verloren. Seit einem Jahr lebt sie mit ihren Kindern bei einem benachbarten Psychologen, arbeitet in seiner Praxis in Albstadt

und ist im sechsten Monat schwanger. Der 51-jährige Nervenarzt ist der Vater und sagt, seine neue Partnerin sei eine schwierige Persönlichkeit mit paranoiden Zügen.
Die frisch Verliebte trägt eine neue Frisur, schicke Hosenanzüge und Kostüme, keine Trainingsjacke mehr. Die Böttinger sind darüber nicht glücklich. Der Unterstützerkreis, der ein Herz und eine Seele war, tagt nicht mehr, das gesammelte Geld ist eingefroren. So ist es eben, wenn die Liebe verschmäht wird und der Dank ausbleibt. Und so kommt es, dass sich nur eine Freundin im Gerichtssaal wiederfindet: die Frau, die Anita L. im eigenen Bett hat schlafen lassen. Das Böttinger Wunder, das einst versprach, Fremde zu Freunden werden zu lassen, hat nur kurz gewährt. Zu schön wohl, um wahr zu sein. Das milde Urteil von Richter Fieser, sechs Monate auf Bewährung, hat daran nichts geändert. Es hat nur das Verhältnis von Recht und Ordnung wieder einigermaßen zurechtgerückt und Menschen wie den Faxen machenden Kommissar beruhigt. Es sei so rührend gewesen, erinnert er sich, wie der SEK-Mann seine Sturmhaube abgenommen habe, damit er den kleinen Michael in seiner Pamperswindel an seine Backe drücken konnte.

Ein Königreich aus altfränkischem Filz

Emil Beck war einer der mächtigsten Männer im deutschen Sport. Kohl, Teufel, Schäuble – alle CDU-Fürsten sassen auf seinem Sofa, weil er der Goldschmied war. In dieser Seilschaft hielt sich der gelernte Friseur für unverwundbar. Doch der steile Aufstieg endete mit einem tiefen Fall. Ein Drama in drei Akten.

I. Der Held. Dietrich Schmitt erinnert sich noch genau an das Treffen in der Tauberbischofsheimer Pilsstube. „Ich mache Ihren Sohn zum Olympiasieger“, verspricht der kugelige Mann, „und er wird die Hälfte der Werbeeinnahmen erhalten.“ Dabei komme einiges zusammen, wie man an seinem Beispiel sehen könne. 300.000 Mark seien’s im Jahr, will Schmitt gehört haben,

Es musste immer der dickste Mercedes sein.

damals 1984. Warum sollte er, der Fechter-Vater, diesem Herrn nicht vertrauen, der in der Sportwelt einen Ruf hat wie ein Donnerhall: Emil Beck, der Goldschmied von der Tauber, der sich am liebsten mit der Deutschlandfahne neben dem Schreibtisch, Kanzler Kohl an der Wand und einem adidas-Schriftzug auf dem Hemd präsentiert. Also wechselt Arnd Schmitt, den Beck als größtes Talent in Deutschland sieht, von seinem Heimatort Heidenheim ins Mekka der Fechter, nach Tauberbischofsheim. Der Junge entwickelt sich nach des Meisters Geschmack, wird Weltmeister mit der Degenmannschaft. Aber das Glück zerbricht über dem Geld. Als Werbeeinnahmen verbucht der Weltcupsieger 1985 ganze 100 Mark, bei seinen Sporthilfe-Tantiemen muss er seinen Mentor Beck immer wieder zur kompletten Überweisung mahnen. Danach ist Schmitt die ständigen Querelen leid und geht.

Aber was ist ein Schmitt gegen seinen Duz-Freund Kohl, den er, im schmucken Eigenheim im Tannenweg, gleich neben den Anwesen von Chefarzt und Landrat, empfängt. Den er im Kraftraum des Fechtzentrums zum Rekord im Armkrafttest (80 Kilogramm) führt, bis Daimler-Vize Werner Niefer noch zehn Kilo zulegt. Innenminister Wolfgang Schäuble und Kultusminister Gerhard Mayer-Vorfelder (MV) gehören ebenso zu den befreundeten Gönnern wie viele Gewaltige des Sports, die der große Zampano nach seiner Pfeife tanzen lässt. Mit ihrem ungebrochenen Hilfswillen hat der frühere Friseur ein Imperium aufgebaut, das sich, rein zahlenmäßig betrachtet, imposant in Szene setzt: Bis 1988 haben die Zauberer von der Tauber 14 olympische Medaillen, 40 Weltmeisterschaftsmedaillen und 260 deutsche Meistertitel erfochten. Umsorgt werden sie von 71 Mitarbeitern, womit das Zentrum zu einem bedeutenden Wirtschaftsfaktor im Main-Tauber-Kreis geworden ist, wie die Fränkischen Nachrichten notierten.

Alleiniger Motor ist Emil Überall. Er hat das fast unentwirrbare Geflecht zwischen Fechtzentrum und Sponsoren, zwischen Ministerialen, Oberbürgermeistern, Regierungspräsidenten und Landräten gesponnen. Nur er allein überschaut es noch. Die Medaillenschmiede ist verschachtelt wie ein Konzern. Das sind: 1. Das Kuratorium des Olympiastützpunktes (OSP) Tauberbischofsheim (Vorsitz Wolfgang Schäuble). 2. Der Vorstand des Fecht-Clubs Tauberbischofsheim (Präsident Helmut Schmidt, Ex-Daimler-Direktor). 3. Der Beirat des Vereins (Vorsitz Georg Denzer, Landrat des Main-Tauber-Kreises). 4. Präsidium der Gesellschaft zur Förderung des Fecht-Clubs (Vorsitz Denzer). 5. Stiftungsrat der Stiftung Fechtsport in Tauberbischofsheim (Vorsitz Karl Miltner, Regierungspräsident). 5. Aufsichtsrat der Stiftung (Vorsitz Erich Hollerbach, Bürgermeister von Tauberbischofsheim). 6. Fechtmarketing Tauberbischofsheim GmbH (Geschäftsführer René Beck).

Vater Emil, der in fast allen Gremien mitvertreten ist, regiert diesen altfränkischen Filz mit unermüdlicher Schaffenskraft – und einem kleinen Diktafon. Kaum ist ihm etwas eingefallen, greift er zum Tonband und speichert Aktennotizen, Dienstanweisungen und Briefe, bis zu 60 am Tag. Mit Vorliebe tut dies der Napoleon des Taubertals, wie ihn sein Hofbiograph Richard Möll rühmt, auch im Fond seines schwarzen Mercedes 560, SEL (TBB - MV 1). Dort steht ihm neben Autotelefon und Schreibplatte zur Stärkung auch eine Mini-Bar zur Verfügung. Die Limousine wird selbst dann zum Büro, wenn ihn sein Chauffeur Willi Kaesler von Sylt aus dem Urlaub abholt und mit ihm auf dem Autoreisezug steht. „Früh morgens, wenn die Sonne über der Nordsee aufgeht“, erzählt der drahtige Mittfünfziger, „diktiert er schon Briefe, ohne einen Blick für die Natur“. Doch Kaesler will nicht klagen. Selbst wenn ihm eine von hinten geworfene Leselampe um die Ohren fliegt, bewahrt er Haltung.

Aufgemuckt, so sagt der frühpensionierte Hauptfeldwebel, hätte er nur, wenn Becks Gattin Karin auf ihrer Idee bestanden hätte: eine graue Uniform für den Chef-Chauffeur. Kaesler hat eine Halbjahresleistung von fast 50.000 Kilometern auf dem Tacho, bei einem gewünschten Tempo von 170 bis 180 km/h. Beck fegt durchs Land für seine Fechter, die er niemals im Regen stehen lassen will, wie er nicht müde wird zu betonen – und bestückt sie mit dem Feinsten, weil der beste Verein der Welt nur mit den besten Autos der Welt fährt. Für eine monatliche Spende von 100 bis 200 Mark an den Verein können sie sich aus dem Daimler-Depot von 51 Karossen bedienen.

Die Beck'sche Großzügigkeit hat einen schlichten Grund: Die Mercedes-Leasing-GmbH beliefert das Fechtzentrum mit ständig neuen Autos und räumt äußerst günstige Konditionen ein. Vermittelt hat's, wie sollte es anders sein, der Meister selbst. Die nur von Emil Beck erzielte niedrige Leasingrate, so ein Clubinternes Papier, beträgt für einen 230 E nur 296,40 Mark im Monat. Eine Anzahlung ist nicht nötig. Otto Normalfahrer muss dafür rund das Doppelte berappen, inklusive einer Anzahlung von etwa 9000 Mark. Beglichen werden die Raten von Bund und Land zu 40 Prozent, den Rest übernimmt der Fecht-Club. Nachdem das Angebot des Untertürkheimer Hauptsponsors auch zahlenmäßig so günstig ist, kann Beck nicht nur Fechter, Trainer und Familienangehörige damit bestücken. Auf der Liste tauchen auch Außenstehende wie Professor Rolf Andresen auf, der Direktor beim Bundesausschuss Leistungssport ist. Als er's nicht mehr ist, lässt Beck die Limousine abholen.

Nach diesem Muster strickt der Ehrenbürger von Tauberbischofsheim, Träger des Bundesverdienstkreuzes am Bande, der Ehrennadel der 12. Panzerdivision der Bundeswehr und der Goldenen Ente der Sportpresse Kurpfalz gerne seine Deals. Um den Sponsoren und sich das Geschäft (steuerlich) zu erleichtern gründete Beck 1988 die Fechtmarketing Tauberbischofsheim (femat) GmbH. Wer sich der „femat" bedient, dirigiere ein Sponsoring- und Marketingorchester, das durch „Harmonie, Brillanz und herausragende Erfolge einen guten Namen hat", verspricht Sohn und Geschäftsführer René Beck. Für 80.000 Mark darf sich der Sponsor Förderer des OSP TBB nennen, in 900fach verschickten OSP-Protokollen, die auch an das Kanzleramt gehen, und auf den Trikots von Anja Fichtel und Zita Funkenhauser werben. VIP-Betreuung im Fechtzentrum ist ebenso garantiert wie die Namensnennung in den Referaten („Der programmierte Weg zum Erfolg") von Emil Beck. 15 bis 20 Mal im Jahr hält er solche Reden auf Fortbildungskursen von Firmen. Bis zu 15.000 Mark kassiert er pro Auftritt. „Aber das geht alles an die femat"', versichert er, „kein Pfennig geht an mich". In der Tat hat ihm bis dahin noch niemand nachweisen können, dass er sich persönlich bereichert. Wenn andere anderes behaupten, kontert der Workaholic darauf mit seinem Standardsatz: „Lob bekommst du gespendet. Neid musst du dir erarbeiten. Ich arbeite viel!"

II. Die Hybris. Die Olympischen Spiele 1996 in Atlanta sind ein Desaster für Beck. Nur einmal Bronze. Vor dem Kohl-Porträt sitzt ein geschlagener Mann. „Mir geht's dreckig, ich bin fertig, ich bin kaputt", bekennt er. Er muss vor die Kameras, die Niederlagen begründen, die immer persönliche für ihn sind. Er wirft wieder seine Beruhigungspillen ein und überlegt, was er sagen soll, damit das Bild vom ewig siegreichen Goldschmied keine untilgbaren Schrammen bekommt. Er sagt dann: „Ich bin über ein Meer von Siegen gegangen, jetzt durchschreite ich einen Tümpel". Aber die Floskeln tragen nicht, der Heißluftballon hat keinen Auftrieb mehr.

Der Zusammenbruch kommt nicht von ungefähr. Er ist das Ergebnis einer Lebensgeschichte, die immer ein Strampeln nach oben war, seitdem er 1953 im Heizungskeller des Tauberbischofsheimer Gymnasiums das deutsche Fechtwunder erfunden hat. Das jüngste von 13 Kindern kletterte mit eiserner Disziplin von einer Stufe zur nächsten, verordnete sich einen rigiden Tagesplan, der ihm zugleich Struktur gab. Um viertel nach fünf aufstehen, danach 50 Liegestütze und zehn Kilometer auf dem Hometrainer, 15 Minuten auf der Sonnenbank, denn: „Wenn du braun bist, fragt dich keiner, ob's dir schlecht geht".

Es musste ein schwerer Bandscheibenschaden sein, der ihn kurzzeitig zur Besinnung bringt. Plötzlich macht er die traumatische Erfahrung, dass aus Emil Überall ein Rollstuhlfahrer werden kann, dass einer, der sich im Glauben wähnt, omnipotent zu sein, „daliegen kann wie ein Hund". Die Tränen seien ihm übers Gesicht gelaufen, und er habe daran gedacht aufzuhören, erzählt er. Aber weil Schwachsein in seiner Welt nicht zählt, hat er sofort mit der Rosskur begonnen. Von Armin Klümper, dem Medizinmann ganzer Sportlergenerationen, hat er sich mit Cortison vollpumpen lassen und davon ein richtiges Mondgesicht bekommen. Irgendwann ist der 1,70 Meter große Multifunktionär bei 120 Kilo angelangt. Gift für die Bandscheibe. Gerettet haben ihn ein Spezialist in einem Steglitzer Krankenhaus, der ihn notoperiert hat, sowie 80 Päckchen Butter. Die hat er danach in einem Tauberbischofsheimer Supermarkt auf den Tisch gelegt, und von da an war ihm klar, wie viel er abspecken musste: 20 Kilo.

Körperlich hat er sich danach stabilisiert, aber wer fragt nach der Psyche? 1995 hat er den Bruch mit seinem designierten Nachfolger verkraften müssen. Bernd Lang, der wissenschaftliche Leiter an seinem Olympiastützpunkt, sollte es werden.

Nicht sein Filius René, der ihm zu weich war, von ihm selbst als Fachmann für schweren Rotwein verspottet wurde. Aber Lang, der ihm wie ein Sohn war, entpuppte sich als Scientologe. In seinem Dienstzimmer, berichtet Beck, habe er Schriftstücke gefunden, auf denen schon das Datum der Machtübernahme durch die Psychosekte in Tauberbischofsheim vermerkt gewesen sei. Für Beck war das ein Vatermord, weil es ihn an seiner empfindlichsten Stelle getroffen hat, an seinem unersättlichen Bedürfnis nach Liebe und Bewunderung. Wer eine solche Persönlichkeitsstruktur hat, der teilt die Welt in Freund und Feind, der beschimpft Kritiker als „kleine Stinker" und „kleine Arschlöcher", der lässt Zeitungsberichte über sich von einem Psychologen analysieren, um den Verfasser als das zu outen, was er schon immer vermutet hat. Ein von Neid zerfressener, erfolgloser Schreiberling.

Zwei Jahre später ist die Regierung Kohl abgetreten, die sportlichen Erfolge bleiben weiter aus und Beck will die früheren Olympiasieger Matthias Behr und Alexander Pusch aus dem Fechtzentrum feuern. Plötzlich öffnen sich Schleusen, die der Diktator vom Taubertal stets sorgsam verschlossen hat.

Thomas Bach, der große Sohn der Taubertäler Fechterfamilie, ist voller Zuversicht. Der Geist des Aufbruchs atme hier, erzählt der deutsche Oberolympier den Festgästen, die erschienen sind, eine Fechthalle in dem fränkischen Dorf Ilmspan einzuweihen. „Was wir hier nicht säen", sagt er, „können wir künftig nicht ernten." Und mit einem Augenzwinkern zu Emil Beck fügt er hinzu, neben Tauberbischofsheim sei dies der zweitschönste Flecken.

Klaus Waltnitzki hat Ilmspan in anderer Erinnerung. Der 62-Jährige musste den ehemaligen Kuhstall in eine Fechthalle verwandeln. Er war Koordinator für die 26 von Beck in der Region gegründeten Kleinvereine. „Er hat sich einfach nicht wehren können", weiss Berndt Peltzer, der als Bundestrainer in „Bischem" viele Fechter zu Weltmeistern gemacht hat. Zu ihm ist der Geplagte immer geflüchtet, wenn er wieder einmal fix und fertig aus dem Büro des großen Vorsitzenden gekommen ist. „Es ist furchtbar", hat er Peltzer berichtet, „aber ich muss durchhalten." Als früherer Handelsvertreter hatte er zu wenig in die Rentenkasse eingezahlt. Waltnitzki hat nicht durchgehalten. Im Oktober 1998 erlitt er einen Herzinfarkt, danach einen Schlaganfall. Seitdem ist er halbseitig gelähmt und lebt in einem Pflegeheim in Hagen. Emil Beck sagt, dass er Waltnitzki ins Fechtzentrum geholt hat, als er arbeitslos war, dass er ihm immer nahegelegt habe, 20 Kilo abzunehmen, und dass es Herzenssache des Mitarbeiters gewesen sei, Ilmspan freiwillig aufzubauen. Und der Betriebsratsvorsitzende Peter Märtsch meint, Waltnitzki habe „Freude an der Schippe" gehabt.

Wichtigeren Menschen geht es besser. Für sie hält Beck eine Ferienwohnung am Olympiastützpunkt bereit. Gerne haben sich dort der Bonner Ministerialdirigent Gernot Witzlau eingefunden, der unter der Regierung Kohl für die Mittelvergabe an Tauberbischofsheim zuständig war. Der Beamte hatte den Aufenthalt genutzt, um im nahe gelegenen Golfclub seine Schläge zu verbessern und sich anschließend im Olympiastützpunkt physiotherapeutisch behandeln zu lassen. Auch der Direktor des Bundesausschusses Leistungssport, Armin Baumert, nutzte die Gelegenheit, ebenso der Generalsekretär des Deutschen Sportbundes, Wulf Preising, der sich nur daran störte, dass er von Beck morgens im Bett an der Fußsohle gekitzelt wurde. Doch mit dem Regierungswechsel 1998 ist es mit der Kungelei vorbei. Die Staatssekretärin im Bundesinnenministerium, Brigitte Zypries, legt ihren Beamten einen Fragenkatalog vor, in dem sie über Becksche Vergünstigungen Auskunft verlangt. Witzlaus Hilfsargument, 60 Mark für die Nacht bezahlt zu haben, bringt ihn dabei nicht aus der Bredouille, weil Zypries jedes Gschmäckle vermeiden will. Unter diesen Umständen kann Emil Beck auch Portokosten sparen, sollte er wieder einmal, wie Zypries befürchtet, an „flächendeckende Einladungen an unser Haus denken".

Noch bitterer wird für ihn freilich ihre grundsätzliche Haltung zur Förderung des Spitzensports im allgemeinen und Tauberbischofsheims im besonderen. Die Sozialdemokratin will alles auf den Prüfstand stellen, genau sehen, wie die Gelder verteilt werden. Das heißt für Beck, dass seine Amigowirtschaft mit der Abteilung Sport und Grundsatzfragen im Innenministerium ein Ende hat. Was das für ihn bedeutet, lässt sich am besten in Zahlen ausdrücken: In den vergangenen zehn Jahren, von 1988 bis 1998, sind mehr als 33 Millionen Mark an Steuergeldern von Bonn nach Tauberbischofsheim überwiesen worden.

Becks ganzer Stolz: Kohl & Co. an der Wand.

Beck reagiert darauf mit noch schärferer Kontrolle nach innen. Assistiert von seinen getreuen Ressortleitern, Emil Kappus („Emil 2") und Peter Märtsch, notiert er penibel Ankunft, Feierabend und Krankheitstage der Angestellten. Seine Sekretärin muss einen Strom von Vermerken abtippen, die er tagein, tagaus ins Diktiergerät spricht. Das klingt dann beispielsweise so: „Wie lange war am Donnerstag das Training, weil die schon um 19.30 Uhr, war das, glaube ich, wo die in Werbach im Biergarten saßen." Hartnäckig verfolgt er einen Psychologen, der nur kurz in Tauberbischofsheim arbeitet. Zweieinhalb Din-A4-Seiten füllen die Anmerkungen zu Stefan S. nach einer Turin-Reise. Der mit Adidas verbandelte Beck hält fest: „Ich frage mich, warum S. am laufenden Band seine Puma-Sporttasche mir vor die Nase hält, ist es Dummheit, ist es Frechheit, oder will er damit seine Komplexe überspielen. Letzteres glaube ich."

In seiner Besessenheit macht er nun den entscheidenden Fehler. Am 29. Juni 1999 fordert er die Fechtlegenden Matthias Behr und Alexander Pusch auf, zu gehen. Er hält sie für faul. Seine persönlichen Briefe an die beiden schickt er auch an die Sponsoren, die sich über folgende Zeilen wundern: „Lieber Alex, ich biete Dir die Möglichkeit, Dein Hobby – das Golfen – zum Beruf zu machen. Eine Anstellung im Golfclub als Assistent des Clubmanagers mit allen sportlichen Möglichkeiten könnte für Dich ein neues berufliches Standbein bedeuten und Hobby/Beruf in Einklang bringen." Dem von ihm einst hochgelobten Matthias Behr wirft Beck vor, die Familie über Olympia gestellt zu haben. „Lieber Matthias, Du hattest Dir lediglich ausbedungen, von diesen Pflichten entbunden zu werden, falls die Zwillinge zu Beginn der Spiele noch nicht zur Welt gekommen wären. Obwohl sodann die Niederkunft zeitgerecht erfolgte, die Zwillinge wohlauf waren und noch montags (vor dem Abflug nach Atlanta) nach Hause gebracht werden konnten, bist Du, lieber Matthias, entgegen dieser klaren Absprache in Tauberbischofsheim geblieben. Ich bin überzeugt, dass wir mit Deiner Unterstützung mehr als nur eine Bronzemedaille erzielt hätten." Pusch hatte 500, Behr 350 Überstunden im Jahr vorzuweisen.

Erstmals werden Rücktrittsforderungen laut, doch Beck zeigt sich unbeeindruckt. „Ein Emil Beck tritt nicht mit einer Bronzemedaille ab", sagt er. Unterdessen sucht er hektisch das im Kern wankende Imperium an den Rändern mit neuen Projekten zu stärken. Das prestigeträchtigste darunter ist die noch zu gründende Emil-Beck-Akademie samt zugehörigem Hotelneubau. „Erfolg, Führung, Management" soll dort im Sinne des Fechtmeisters gelehrt werden. „Sein ganzes Denken ist ausgerichet, Menschen durch Ansporn zur Leistung einer höchstmöglichen Vervollkommnung entgegenzuführen", heißt es in den Exposés. 14 Millionen Mark soll das Denkmal kosten, doch erstmals verweigern Bürgermeister und Landrat die Zustimmung. Beck hätte gewarnt sein müssen, aber in seiner Hybris hat er sich längst eine eigene Wirklichkeit geschaffen. Ein Golfclub ist das nächste Luftschloss.

Mit seinem Golfclub Kaiserhöhe will sich Emil Beck die wirtschaftliche Basis für die Zeit nach dem Fechten sichern.

Die Kaiserhöhe bei Ravenstein-Merchingen hält, was ihr Name verspricht. Golfen im Einklang mit der Natur, lautet die Devise, weshalb es Emil Beck einfach herrlich findet, wenn er mit seiner Frau Karin, die er Mami nennt, über die sanften Hügel unter Obstbäumen wandert und den wunderbaren Fernblick genießt. Auch sportlich ist die Kaiserhöhe top. Die 18-Loch-Meisterschaftsanlage mit ihren Championsabschlägen fordert den erfahrenen Spieler, in neun weitere Löcher können die weniger Geübten putten. Was wäre da schöner gewesen als ein würdiger Repräsentant für die neue Leidenschaft? So denkt Emil Beck, der Schirmherr und Finanzvorstand des Golfclubs, und schreibt Manfred von Richthofen einen Brief, in dem er dem Freiherrn das Amt des Aufsichtsratsvorsitzenden anbietet. Der Präsident des Deutschen Sportbundes und Spielbankbesitzer als Aushängeschild – das hätte gepasst. Doch was tut der Berliner Baron, unbeeindruckt von einer nachgereichten Gratis-Greenfeekarte? Er sagt ab. Sein Abschlag, teilt der ehemalige Hockeyspieler dem Ex-Friseur mit, löse stets Entsetzen bei jedem Fachmann aus.

Was Beck bei Richthofen nicht gelingt, glückt bei Gerd Klein. Der ist Geschäftsführer bei der Stiftung Sporthilfe und dort für die halbe Million Mark zuständig, die jährlich nach Tauberbischofsheim fließt. Insoweit ist es praktisch, dass Klein als Vizepräsident des Golfclubs Kaiserhöhe firmiert. Weniger erfreulich für Beck sind allerdings dessen neue Töne. Der Emil, so lässt Klein intern verlauten, könne sich nicht mehr lange halten. Sinnvoll ist auch, dass Gerhard Meier-Röhn Mitglied auf der Kaiserhöhe ist. Der leitende Angestellte des Südwestrundfunks und spätere Sprecher des Fußballpräsidenten Mayer-Vorfelder, hat sich durch seine jahrelange wohlwollende Berichterstattung über das Fechtzentrum verdient gemacht, bis hin zur Moderation des 60. Geburtstags von Emil Beck. Was liegt da näher, als sich, trotz geäußerter finanzieller Bedenken, vom Nutzen des Golfsports überzeugen zu lassen. Das erhält die Duzfreundschaft und schafft die nötige Vertrauensbasis für gute Gespräche im „Sport im Dritten".

Das Problem ist nur, dass immer noch zu wenig Menschen den Schläger schwingen. 650 Mitglieder zählt der Club, 100 mehr müssten es mindestens sein, um den laufenden Verlust entscheidend zu vermindern. In noch größeren Engpässen steckt Beck bei der Finanzierung der Anlage, die sechs Millionen Mark gekostet hat. Sehr schnell haben die Hobbygolfer bemerkt, dass sie nachlegen müssen. Emil Beck erhöht auf 500.000, die Sport-Marketing (SMT) auf 700.000 Mark, der Geschäftsführer des Olympiastützpunktes (OSP), Emil Kappus, ist mit 50.000 notiert. Hinzu kommen knapp zwei Millionen Mark, die in der Hauptsache von der Tauberbischofsheimer Geschäftswelt aufgebracht wurden – in der Erwartung auf eine ordentliche Rendite, die bis heute ausgeblieben ist.

Nun fragen sich die Kenner der Beckschen Bananenrepublik, wo der Mann, der sich gerne als kleiner Fechttrainer bezeichnet und als OSP-Leiter offiziell ein Monatsgehalt von 10.000 Mark bezieht, das Geld her hat. Antwort Kappus: „Herr Beck finanziert seine Beteiligung über ein Kreditinstitut.“ Zweitens ist zu klären, warum die SMT einen so hohen Betrag in einen defizitären Golfclub steckt, wo sie doch einmal gegründet worden ist, das staatlich hoch subventionierte Fechtzentrum zu entlasten. Antwort Kappus: „Die SMT hat sich durch eine Änderung ihrer Namensgebung für die Vermarktung anderer Sportarten geöffnet. Der Golfsport bietet ein interessantes Geschäftsfeld für die SMT.“ Früher hörte die Gesellschaft auf den Namen Fechtmarketing Tauberbischofsheim.

Beruhigend, dass wenigstens der Hauptsponsor in Treue fest steht. Mit Daimler ist Beck seit 1972 aufs Engste verknüpft. Angefangen hat er mit dem damaligen Vertriebschef Helmut Schmidt, den er nach dessen Pensionierung zum Präsidenten des Fechtclubs gemacht hat. Danach holte er Mister Mercedes Werner Niefer ins Boot, dem wiederum Burghard Vitzthum von Eckstädt folgte. Der Graf leitet die Abteilung Alternative Kommunikation bei dem Konzern und hat den Vertrag zu überwachen. Nebenbei dient er seinem Freund Emil auch noch als Beiratsmitglied im Fecht-Club, wo er sich auch mal einem „vollen medizinischen Check mit allem Drum und Dran“ unterwirft, wie den unzähligen Notizen Becks zu entnehmen ist. Mit dabei die Gattin sowie der Sohn, der laut Niederschrift ab und zu Tennis spielt und sogar den Ball trifft, sowie die Handball spielende Tochter.

Unter des Grafen Ägide hat sich die einstige Goldschmiede zu einer bestausgestatteten Mercedes-Niederlassung entwickelt. Bis zu 60 Autos stehen jetzt im Beckschen Fuhrpark, 24 davon sind zu einem Preis geleast, der unter der Hälfte der üblichen Konditionen liegt, der Rest wird kostenlos gestellt. Fünf Wagen sind allein für den Beck-Clan reserviert. Verteilerstation ist die Würzburger Filiale, deren Direktor Wolf-Dieter Töpfer ebenfalls im Beirat des Fechtclubs sitzt. Sein Verkäufer Hans Holzer, der die Ausgabe der Limousinen abwickelt, teilt auch das neue Hobby Becks: Er ist mit 100.000 Mark im Golfclub dabei.

Bei so vielen Autos ist es schwierig, den Überblick zu behalten. Einerseits fixiert der Vertrag, dass nur Sportler, Trainer und andere Mitarbeiter des Olympiastützpunkts in den Genuss der Automobile kommen dürfen, andererseits wird auch ein Beamter des Stuttgarter Kultusministeriums gesehen, der sich einen Kleinbus für den Skiurlaub abholt. Er könne, sagt Vitzthum, nicht jeden Tag auf dem Hof des Fechtzentrums stehen und prüfen, wer in den Autos herumfahre. Dennoch möchte er ausschließen, dass sie zweckfremd benutzt werden. Er müsse schließlich Vertrauen in den Partner haben. Das ehrt ihn, genauso wie das wache Auge, das er jetzt auf den fränkischen Autosalon zu werfen gedenkt. Sie seien, betont Vitzthum, in Habachtstellung, und im übrigen habe er Beck dazu gebracht, vom 600er auf einen S430 umzusteigen. Das habe einfach nicht mehr in die Zeit gepasst, meint der Graf.

III. Der Fall. Wir schreiben das Jahr 2000. Unter dem Druck der Bundesregierung, der Sportverbände, der Staatsanwaltschaft, die endlich ermittelt, und eines Wirtschaftsprüfers, den der Fecht-Club in seiner Not einsetzt, kündigt Beck seinen Rücktritt als Leiter des Olympiastützpunktes an. Seine weiteren Funktionen im Fechtzentrum will er behalten. Aus gutem Grund: damit verdient er prächtig.

Es ist, als sei nichts geschehen. Erwin Teufel kommt im Hubschrauber, um dem Mann zu gratulieren, dem er schon immer gratuliert hat. „Bei Emil Beck fallen mir nur Superlative ein", sagt der Ministerpräsident, „er hat in Tauberbischofsheim eine einmalige Lebensleistung vollbracht." Das ist im Juli 2000, als der Jubilar 65 wird, und gerade mit Mühe und Not ein Ermittlungsverfahren überstanden hat, in dem es um allerlei kleinere Betrügereien ging. Ein halbes Jahr später fallen dem Stuttgarter Wirtschaftsprüfer Günter Haaga auch Superlative ein – wenn er die Bilanzen des Beckschen Fechtzentrums prüft. Sein Bericht, so kündigen Eingeweihte an, werde ein Hammer. Verlangt haben ihn der Präsident des Fechtclubs, Helmut Schmidt, und der Vorsitzende der Stiftung für den Fechtsport, Wolfgang Reinhart. Sie wollen die Reißleine ziehen. Er sei überrascht von den Dimensionen, sagt Reinhart, der für die CDU im Landtag sitzt, und drückt sich damit noch ganz vorsichtig aus. Schmidt bekräftigt, er werde mit Sicherheit nichts erfinden, nur um Emil Beck zu entlasten. Der sei für alles ganz allein verantwortlich. Beide wissen, warum sie das sagen: Der Mann, der stets betont hat, er stecke keinen Pfennig in die eigene Tasche, hat sie nach allen Regeln der Beutekunst ausgeplündert.

Beginnen wir mit den Einkünften des Clans. Als Leiter des Olympiastützpunktes hat Beck 154.000 Mark Gehalt bezogen, finanziert aus Bundes- und Landesmitteln. Der Fecht-Club hat ihm eine Aufwandsentschädigung in Höhe von 125.000

Mark bezahlt. Daneben hat er einen Privatvertrag mit der Sportmarketing Tauberbischofsheim GmbH, der ihm jährlich 250.000 Mark einbringt. Sohn René, den er zum SMT-Geschäftsführer gemacht hat, wurde mit 180.000 Mark entlohnt, seine Mutter Karin, die fürs Häppchenreichen im Vip-Bereich verantwortlich war, mit 60.000 Mark. Macht zusammen 769.000 Mark im Jahr. Nicht eingeschlossen sind dabei die Aufwandsentschädigung beim Landessportverband Baden-Württemberg (9600 Mark), die Honorare für seine Referententätigkeit sowie die Vergünstigungen, die ihm durch die Selbstbedienung in der SMT vergönnt waren. Sowohl sein Mercedes 500 (normale Leasingrate 2500 Mark) als auch der SLK 230 seines Sohnes René liefen über die Bücher der Sportmarketing, das Benzin hat er über den Fecht-Club abgerechnet. Zur Verdeutlichung: wenn ein Mitarbeiter im Fechtzentrum eine Banane haben wollte, musste er sie selbst bezahlen.

Zum Ersten darf man nun gespannt sein, wie sich Mercedes verhält. Während intern offenbar an eine Kündigung des Vertrags gedacht wird, hofft der ehemalige Daimler-Direktor Schmidt noch. Vor allem deshalb, weil ihm der Weltkonzern vor kurzem zur Verleihung des Bundesverdienstkreuzes gratuliert hat, insbesondere wegen seiner Leistungen als Präsident des Fechtclubs. Er glaube nicht, dass Daimler-Chrysler jetzt abspringe, meint Schmidt, wofür zumindest etwas spricht, was niemand mehr für möglich gehalten hat: Noch im Januar 2001 hat Beck von den Stuttgartern einen Beratervertrag über 60.000 Mark erhalten. Sonst bliebe ihm, begründete der finanziell in schwere Bedrängnis Geratene den Vorstoß, nur noch eine Rente von 3600 Mark. Der arme Mann, erläutert Daimler-Aussenminister Matthias Kleinert das ungewöhnliche Geschäftsgebaren, habe auf seinem Sofa fast geweint.

Zum Zweiten hängt Becks Schicksal vom Verhalten des Bundesinnenministeriums ab. Die Berliner haben den Fechtclubvorstand aufgefordert, die Nebeneinkünfte Becks zu melden. Die nämlich sind genehmigungspflichtig, was der frühere Medaillenschmied großzügig übersehen hat. Nimmt man allein seinen Privatvertrag, so sind ihm über die Jahre mindestens 1,3 Millionen in die eigene Tasche geflossen. Ob sie in Gänze zurückgezahlt werden müssen, ist noch offen. Eindeutig ist jedoch, dass der Bund Geld sehen will, und sich mit der Erklärung Schmidts, der beteuert, nichts gewusst zu haben, nicht zufrieden geben wird. Aufklärung verlangt das Ministerium auch über das Konto Bundesleistungszentrum, das mit öffentlichen Geldern gespeist und von Beck offenbar auch zur Finanzierung seines luxuriösen Lebensstils genutzt wurde. Abbuchungen sind noch nachvollziehbar von der Golf-und-Country-Abteilung von Karstadt, vom Media-Markt und vom Golfclub Kaiserhöhe. Quittungen darüber existieren nicht mehr, wofür der Hobbygolfer drei Versionen anbietet: erstens sei das Konto aufgelöst, zweitens habe ein Hochwasser im Fechtzentrum die Belege vernichtet, und drittens habe sie der kürzlich verstorbene Verwaltungsvorstand Hans-Udo Berger beseitigt. Dessen Sohn Reinhard fordert nun per Anwalt, dass Beck diese Behauptung zurücknimmt und künftig unterlässt.

Zum Dritten ist die Frage zu klären, wofür Beck seine stattlichen Einkünfte verwendet hat. Bei der Antwort stößt man auf die Firma Advanced Medical Systems (AMS) seines Sohnes Frank. Um den Umsatz der AMS hochzutreiben, bediente sich Beck ungewöhnlicher Methoden. In seinem Physiotherapeutischen Institut im Fechtzentrum stapelten sich plötzlich Apparaturen, die bei einem Zahn- oder Frauenarzt zu gebrauchen gewesen wären, aber nicht in einer Sportphysiotherapie. Die Geschäfte wurden auch hier zwischen Vater und Sohn abgewickelt: Emil Beck ist Gesellschafter des Physiotherapeutischen Instituts, sein zweiter Sohn Frank ist Geschäftsführer der AMS. Insgesamt sollen sie über diesen Weg 600.000 Mark umgesetzt haben. Und weil das immer noch nicht reichte, ist der Patriarch selbst auf Akquisitionstour gegangen. „Wenn du so ein Magnetding in der Tasche hast“, beschied er verblüffte Ärzte, „kriegst du soooo ’ne Erektion.“

Im Jahr 2003 stellt die Kripo Stuttgart Strafanzeige gegen den Beck-Clan. In den zehn Aktenordnern finden sich alle Vorwürfe bestätigt, die durch jahrelange journalistische Recherchen ans Tageslicht befördert wurden. Insgesamt, so die Bilanz, habe die Familie einen Schaden von rund einer Million Euro verursacht. Als Geschädigte gelten die öffentliche Hand, die Sportfachverbände, die Stiftung Deutsche Sporthilfe, der Fecht-Club sowie die Sportmarketing GmbH.

Im Juni 2005 lässt das Landgericht Mannheim die Klage der Staatsanwaltschaft uneingeschränkt zu. Emil Beck wird Untreue in sieben und Urkundenunterdrückung in fünf Fällen vorgeworfen. Dafür drohen ihm bis zu fünf Jahre Haft. Seinem Sohn René werden Untreue, dem Wirtschaftsprüfer Reinhard Winkler Beihilfe zur Untreue zur Last gelegt. Filius Frank kommt mit einer Geldbuße von 15.000 Euro davon. Emil Beck lebt einsam und verbittert im Haus der Athleten, einer Einrichtung des Fechtzentrums. Er lässt mitteilen, er sei sich keiner Schuld bewusst.

Ende des Jahres 2005 meldet sich der inzwischen 70-Jährige erstmals wieder öffentlich zu Wort. Er könne wieder lachen, sagt Emil Beck, und mit seiner Frau singen, wenn sie mit dem Hund spazieren gehen. Lange hätten sie sich gefühlt wie räudige Hunde, die man vor die Tür gesetzt habe. Aber jetzt habe er wieder große Pläne. Er werde Geschäftsführer eines Golfclubs bei Backnang, wo er eine Anlage nach dem Modell der Kaiserhöhe errichten werde. Als zweites plant er eine Fechtgala in dem

Tiroler Promihotel Stanglwirt bei Kitzbühel. Das werde die tollste Veranstaltung, die er je gemacht habe, verspricht der Auferstandene.

Emil Beck konnte seine Pläne nicht mehr umsetzen. Am 12. März 2006 starb er an Herzversagen. Die Stadt Tauberbischofsheim richtete ihm ein Ehrenbegräbnis aus.

Der Abschied von der Alb

Heinz Walker war Zeit seines Lebens Schäfer aus Leidenschaft. Die Städter träumen manchmal von dem Beruf, weil er so idyllisch scheint. Aber es ist ein Knochenjob, den nur Menschen wie er lieben können. Bis zum Tod.

Der alte Mann sagt meist nicht viel. Am liebsten spricht Heinz Walker mit Necker und Fanny. Das sind seine altdeutschen Hütehunde. Sie brauchen wenig Worte, um zu verstehen, was er will. Wenn er „Heilandzack, halt auf" ruft, flitzen sie an den Flanken der Schafe entlang und treiben sie zurück. Zuletzt hat er selbst mit Necker und Fanny wenig gesprochen, weil es nichts mehr aufzuhalten gab außer der Katastrophe. Seine Herde war eingesperrt. Drei Wochen lang im Dreck, auf dem Flurstück 4127 bei Berghülen, jenem Dorf, das im Verdacht stand, die Maul- und Klauenseuche (MKS) zu beherbergen. Zwanzig Lämmer sind ihm gestorben. Ihre Mütter haben keine Milch mehr gegeben, obwohl sie noch die Rinde an den Stämmen der wilden Buchen abgefressen haben. So weit ihre Köpfe reichten.

Der alte Mann hat die ganzen Nächte nicht geschlafen. Er hat seinen Pferch gesehen, die hinkenden Schafe, die wie Dachmarder schreien, die nach ihren Jungen suchenden Mütter, und wenige Meter daneben die grünen Wiesen, die Wacholderheide, die er seit sechs Jahren für die Sommerweide gepachtet hat. Unerreichbar wie die Sonne. Verboten vom Veterinäramt Ulm, das ihn auf zwei Hektar Land eingesperrt hat. „Wenn ich keine Schafe und keinen Hund mehr habe", hat er gesagt, „sterbe ich."

Lieber erschieße er seine 300 Tiere, als sie weiter leiden zu lassen, hat er an die Ministerin Staiblin geschrieben.
Vielleicht war es sein Hilfeschrei, der sie bestärkt hat, das Wanderverbot aufzuheben. Vielleicht war es auch die Einsicht in Brüssel, Berlin oder Ulm. Egal. Für Heinz Walker ist nur wichtig, dass er wieder tun kann, was er ein Leben lang getan hat. Mit den Schafen wandern. Ins Elsass, nach Bayern, ins Saarland, auf die Schwäbische Alb. Walker ist 66 und seit 51 Jahren Hirte. „Des isch a Freid, wenn mr wieder weiter derf", sagt er. Jetzt kann er weiterleben, seine Tiere ziehen lassen. Aber ganz langsam, weil sie sich sonst überfressen in ihrer Gier nach frischem Gras.
Die größte Not ist damit vorbei. Was bleibt, ist die Erfahrung, ein Aussätziger gewesen zu sein. Vier Tage hat es gedauert, bis einer der Berghülener Bauern zu ihm hinausgefahren ist. Einer, der das Elend nicht mehr ertragen konnte. Er kam mit einem Wagen voller Wasser, bei Nacht und Nebel, damit es keiner merken konnte. Und danach ist noch einer erschienen: Dieter Kohn, jener Bauer, bei dem die Maul- und Klauenseuche vermutet wurde. Er hat jetzt keine Schweine mehr, obwohl sie keine Maul- und Klauenseuche hatten. Aber er hatte ein Herz und brachte regelmäßig Wasser, weil er erlebt hat, wie es einem geht, der die Seuche ans Bein gebunden kriegt, und sei es nur auf Verdacht. Der dritte Bauer wiederum, der noch am letzten Getto-Tag auftauchte, hatte weniger Gutes im Sinn. Er schüttete seine Gülle direkt neben den Pferch der geplagten Schafe. Heinz Walker wusste, warum er sich schon lange nicht mehr ins Dorf getraut hat.
Die Seuche ist ein Spaltpilz. Nicht nur in der Politik, die nicht weiß, wie sie damit umgehen soll. Sie bringt die Menschen auf dem Land auseinander, die schon immer in einer zerbrechlichen Beziehung zueinander standen. Der Bauer war der Herr

der Scholle, der Hirte der Nomade, der auf des Bauern Feldern umherzog, an seinem Schippenstecken lehnte, wenn ihm danach war, und auf einem Birkenblättchen muntere Weisen blies, die dem gottesfürchtigen Landvolk ein Gräuel waren: „Wenn d' Schäferle kommet, ganz hübsch ond ganz nett, dann müsset die störrige Baurabursch weg."

Der Schäfer war über die Jahrhunderte hinweg ein armer Schlucker, der zusammen mit Totengräbern, Abdeckern und Seiltänzern vor der Stadtmauer wohnen musste. Aber er war auch ein Balg, den man mit seinen Wünschen und Ängsten ausstopfen konnte. Er schien frei. Heute hier, morgen dort. Ein Kind der Natur, das den Wetterumschwung am Scharren seiner Hunde erkannte. Ein Medizinmann, der mit seiner Salbe aus Küferharz, Schmalz, Honig und Holzasche vielerlei Gebrechen heilte. Ein Schluri, der zu seinen Stündchen in den Pferchkarren lockte statt in die Kirche zu gehen. Ein Rabauke, der zur „viehischen Völlerei", zum „dantzen und springen, schreyen und brüllen" neigt, wie der Vogt von Markgröningen aus Anlass

Für Heinz Walker war die Welt ein Schaf.

des Schäferlaufs 1726 notierte. Der Hirte als Archetyp eines selbstbestimmten Lebens, als Gegenspieler der herrschenden Moral, und jetzt noch die MKS, die mit ihm über die Flur ziehen kann.

Es sei ein „knallharter Job", sagt Gerhard Stotz. Der Stadtschäfer von Münsingen hat ein ziemlich rotes Gesicht, was daher rührt, dass es auf der Alb immer einen Kittel kälter ist. Vor 33 Jahren hat er sich zum ersten Mal das Gesicht erfroren. Zwanzig Grad Unterschied zwischen dem Zweiradkarren drinnen und der rauen Alb draußen, das war keine Seltenheit. Und der Junge musste oft raus, weil sein Vater ein Holzbein hatte. Der 45-Jährige ist so etwas wie ein Vorzeigeschäfer auf der Alb. Einer, der es geschafft zu haben scheint, allen Widrigkeiten zum Trotz. Vor seinem Haus steht ein großer Trecker, der 16 Tonnen Stroh ziehen kann. In seinem Stall drängen sich tausend Schafe, die gerade im Akkord geschoren werden. Drei Minuten pro Stück, was insofern wichtig ist, als die Scherer mehr verlangen als die Wolle bringt. Die andere Herde steht auf dem Truppenübungsplatz. Wie viele Tiere es sind, will er nicht verraten. Die Bauern könnten sonst hochrechnen, wie viel Umsatz er macht.

Stotz sagt, selbst er, der Große, gehe auf „sehr dünnem Eis". Gegen den Einbruch wehrt er sich mit Wachsen. Mit mehr Maschinen, größeren Ställen, einem Handy, und 630-Mark-Kräften, die im Auto Schafe hüten, misstrauisch beäugt von den Bauern, die in ihren Traktoren keine Standheizung und kein Radio haben. Er müsse ein kleiner Manager sein, meint Stotz. In seinem Büro stehen ein Computer und viele Ordner, in denen nachzulesen ist, woran ein Schafunternehmer in der verwalteten Welt alles denken muss. Als da sind: Die Europäische Union, die je Mutterschaf 34 Mark im Jahr zahlt. Der Marktentlastungs- und Kulturlandschaftsausgleich, der je Hektar Grünlandnutzung bis zu 260 Mark bringt. Die Naturschutzbehörde, die im Rahmen der Landschaftspflegerichtlinien bei Wacholderweiden 400 Mark je Hektar zahlt. Das muss alles beantragt werden, und verhindert doch nur, dass die 280 hauptberuflichen Hirten im Land sofort aufgeben müssen. Schon heute machen die Subventionen die Hälfte ihres Umsatzes aus. Ohne dieses Geld, so heißt es im Stuttgarter Landwirtschaftsministerium, wären sie alle tot.

Stotz will leben, und deshalb denkt er unablässig darüber nach, wie er seinen Ertrag erhöhen kann. Er vermarktet selbst, verkauft an die Stuttgarter Großmetzgerei „Frischlamm" („Bitte schreiben Sie den Namen"), an die Spitzengastronomie, setzt gegerbte Felle ab, wenn der belieferte Großmarkt nicht gerade Pleite macht. Aber er weiß auch, dass mehr nicht geht. Er hat die Obergrenze erreicht, die er mit seiner Familie gerade noch bewältigen kann. Ohne Urlaub, mit einer Sieben-Tage-Woche, und in der Hoffnung, dass ihn die Gicht nicht erwischt. Es ist noch nicht lange her, als er den rechten Arm kaum mehr bewegen konnte. Zum Glück war es nur das Schweinefleisch, auf das er allergisch reagiert hat. Es könne eben nicht sein, klagt der Münsinger, „dass Katzenfutter teurer ist als ein Schweineschnitzel".

Nein, mit einer heilen Welt hat das alles nichts mehr gemein. Auch die Schäferei nicht, die längst zwischen Autobahnen und Agrarindustrie eingeklemmt ist. Muss er das noch beweisen? Rechtfertigen? Sich entschuldigen für etwas, was wir Städter nicht sehen wollen, weil Idyll und Illusion die Realität schönschminken sollen? Möglicherweise ja, denn plötzlich zieht Stotz einen Prospekt heraus, auf dessen Titelseite eine weite grüne Wiese mit glücklichen Schafen zu sehen ist. „Sehen Sie die Reifenspuren im Gras?" fragt er und liefert die Erklärung mit: „Bulldog mit Kunstdünger." Das Werbeblättchen preist Lammfleisch aus Neuseeland an – um dreißig Prozent billiger. 4000

Schafe gelten dort als Überlebensuntergrenze. Selbst wenn er es wollte, die Alb lässt ihm dazu keine Chance. Kleinteilig ist sie, karg, steinig und steil. Schafe sind hier keine Großflächenrasenmäher, sondern Landschaftspfleger, ohne die es keine Wachholderheide mehr gäbe. Sie sorgen dafür, dass dieses Erholungsgebiet für die Städter erhalten bleibt. Verbuschen würde es, und sich in kurzer Zeit in Wald verwandeln, sagen die Fachleute von der Bezirksstelle für Naturschutz und Landschaftspflege in Tübingen, und deshalb sind sie um jedes Schaf froh, das die Silberdistel stehen lässt und die Gebüsche verbeißt.

Johanna und Thomas von Mackensen sind ihre Lieblinge. Sie ist dreißig, eine Nachfahrin von Generalfeldmarschall August von Mackensen und ausgebildete Tierwirtin. Er ist 37, früherer Maler und Lackierer. Gefunden haben sie sich auf dem Finkhof, jener legendären Landkommune in Arnach am Rande des Allgäus, in der alles anders war, auch der Wahlspruch an der Wand: „Wo Visionen fehlen, da verkommt der Mensch.“ Alles haben die Genossenschaftler ausprobiert. Die Aufhebung der Zweierkiste, die Reparatur klappriger Autos, die Kooperation mit Nicaragua, das Weben und Spinnen von Wolle, und eben das Schafhüten. Und sie leben immer noch, seit 21 Jahren. „Der Finkhof“, glaubt Thomas von Mackensen, „war das Paradies.“

Und dennoch haben sie die Landkommune vor sechs Jahren verlassen. Ausgestiegen sind die beiden, um ihr privates Glück in Gomadingen-Offenhausen zu suchen. Natürlich haben sie noch alles im Kopf gehabt, was auf dem Finkhof so wichtig war. Selbstverständlich war das Schaf keine Ware, sondern ein Ökoschaf, dessen Fleisch nach Demeter-Richtlinien verarbeitet, das Fell mit pflanzlichen Wirkstoffen gegerbt werden musste. Artgerecht musste es gehalten werden, und Johanna wollte jedes einmal am Tag sehen, wie es schon der Apostel Johannes lehrt. Ein jeder Hirt muss sein Schaf kennen, muss wissen, ob es die

Moderhinke hat oder Regenfäule, Lippengrind, Drehwürmer, Lämmerruhr oder Scrapie, die dem BSE ähnliche Krankheit. Bei 300 hat sie es noch geschafft.
Heute, im Jahr 2001, stehen 900 in einem hellen, großzügigen Stall, in dem es den Tieren gut geht. Nur den Menschen nicht. Der 800.000 Mark teure Neubau gehört der Bank und den Mackensens das Risiko, im Sommer pleite zu sein. Die Größe ist die Falle, die Kleinheit der Tod, die Lösung ein fairer Preis, den wir Verbraucher zahlen müssten. Sie sind mit Preisen ausgezeichnet worden, auch vom Württembergischen Sparkassen- und Giroverband, weil sie die Wachholderheide, die „durch Menschenhand geschaffene Landschaft", pflegen. Sie werden von den Bauern als Schmarotzer bekämpft und beneidet, weil es ihr Land ist, von dem sie das Lob pflücken. Von den Ausflüglern wird Johanna bewundert, wenn sie in ihrem weiten Umhang und dem Schippenstecken inmitten ihrer Wollknäuel verharrt. Der Betonzivilisation scheinbar entflohen. Die Bauern zwingen sie zum Spießrutenlaufen über die schmalen Triebwege, die ihre

Das Bild zum Abschied: Ein letztes Mal mit Umhang und Necker.

fünfzig Einzelflächen verbinden. Es sind die Nachfahren jener Landwirte, die vor fünfzig Jahren noch glücklich waren, wenn die Schafe ihre Felder mit Dung versorgten. Den brauchen sie nicht mehr, heute muss er künstlich sein.
Johanna und Thomas verhehlen ihre Verbitterung nicht. Was ist geblieben von ihren Idealen, vom Leben im Einklang mit der Natur? Sie haben sich nicht vorstellen können, erzählen sie in ihrem kleinen Haus, wie „enorm der wirtschaftliche Druck ist". Immer nur rechnen, rechnen, rechnen. Geblieben sind der vierköpfigen Familie ein Jahreseinkommen von 7000 Mark und nächtelange Diskussionen darüber, wie man das Penicillin für die Schafe und die Betriebshaftpflichtversicherung finanzieren soll. Sie fürchte heute diesen „ekelhaften Blick", gesteht Johanna, den sie nie haben wollte: die Dollarzeichen in den Augen.

Vier Jahre später. Heinz Walker ist fast nicht mehr wieder zu erkennen. Er nimmt Abschied von seinen Schafen, die sein Leben waren.

Wenn ich keine Schafe und keinen Hund mehr habe, sterbe ich. Der Satz hallt nach, auf der Fahrt nach Schemmerhofen, einem kleinen Ort bei Biberach an der Riß. Heinz Walkers Lebensgefährtin Eva Riedmüller wollte auf den Besuch vorbereiten, mitteilen, dass ihr Mann keine Herde mehr und Krebs habe. Speiseröhre, unheilbar. Die Ärzte hätten ihm nach der Diagnose im Juni 2004 noch vier bis sechs Wochen gegeben, aber er lebe immer noch. Vor vier Jahren konnte er jenen Menschen, die ihm Böses wollten, noch androhen, er ramme sie ungespitzt in den Boden, wenn sie keine Ruhe gäben. Des Wanderschäfers letzter Pferch wirkt wie eine Idylle. Der Bauernhof, in dem er mit seiner Eva zur Miete wohnt, hat gewiss schon bessere Zeiten gesehen. Aber die Geranien in den Fenstern, die Rosensträucher, der Dorfbach vor dem Haus, die Schwalbennester unter der Dachrinne und das Steinschaf vor der Tür drängen das abblätternde Grau zurück. In der Wohnstube ist alles Schaf, was Schaf sein kann. Die Polster auf den Stühlen, der Teppich, der Zeitungsständer und das Mobile an der Decke, die so niedrig ist, dass man geneigt ist, stets gebückt zu gehen. Es ist, als habe Heinz Walker seine Welt von draußen unter ein Dach gezwängt, das letzten Schutz bieten soll, nachdem ihm die Natur nicht mehr beiseite steht. Früher haben ihm ein paar Äste als Unterlage zum Schlafen gereicht und der Himmel über ihm. Aber das war früher.

Heute hängt der Rest seines Lebens, medizinisch gesehen, neben dem Mobile, und besteht aus einem Plastikbeutel mit Nutrison, einem Liter hellbrauner Flüssigkeit, die über einen dünnen Schlauch in seinen Magen geleitet wird. Der mittlerweile 70 Jahre alt gewordene Schäfer kann nichts mehr essen. So ist aus dem Mann, der unermüdlich die Lämmer aus dem Berghülener Dreck gezogen hat, ein Skelett geworden. 30 Kilo hat er verloren, alle Zähne bis auf zwei, die ihm die Ärzte gelassen haben, weil die anderen entzündet waren. Nur die Haare sind ihm geblieben, voll und schwarz wie vor vier Jahren. Er habe zuviel Reval geraucht, und vielleicht auch zu viel Bier getrunken, erklärten ihm die Doktoren.

Aber Heinz Walker klagt nicht. Seit der Chemotherapie und den Bestrahlungen nennt ihn Eva „mein Grillhähnchen“ und er schmunzelt darüber. „I heb’s net“, sagt er so einfach wie es seine Art ist. Eine weitere Behandlung lehnt er ab. Wenn die Uhr abgelaufen ist, will er tot umfallen. „Am besten dorthin“, murmelt er und deutet vor sich hin, auf den grünen Teppich aus Schafwolle. Das Sprechen fällt ihm schwer, aber er hadert nicht mit seinem Schicksal, weil er zufrieden ist damit, wie alles gekommen ist. Eigentlich, glaubt er, habe er nichts falsch gemacht. Er wusste doch schon immer, dass er nur Schäfer werden wollte. Mit eineinhalb Jahren haben ihn seine Eltern auf dem Hof in Hausen an der Würm zu den Lämmern gesetzt, und still waren sie. Mit 14 hat er bei der Plieninger Lammschlachterei Krehl das Hüten gelernt und ist bis 26 geblieben, bis er seine eigene Herde hatte. Seitdem war er immer unterwegs, nur ein Ziel vor Augen: die nächste saftige Wiese. Walker hat keine Fluchten in den Süden gebraucht, musste nie in den Flieger nach Mallorca steigen. Der einzige Luxus war ein Rundflug mit dem Motorsegler über den Markgröninger Schäferlauf. Das war vor 30 Jahren, das war interessant aber auch genug.

„Das Schäferleben hat Gott gegeben", glaubt der Protestant, dem weitere Begründungen nicht notwendig erscheinen. Der Satz ist ihm nur wichtig, weil er kein Lump sein will, für den seinesgleichen gern gehalten wird. Der ewige Wanderer will nicht mit dem fahrenden Volk verglichen werden. Er will nur festhalten, dass da einer ist, der es gut mit ihm meint, weil er für seine Schöpfung da ist, auch wenn er sonntags nicht in der Kirchbank kniet. Wenn man ihn fragt, wie es denn war, als er seine Tiere auf den Soldatenfriedhöfen in Lothringen hat grasen lassen, sagt er nur: „Jemand musste doch sauber machen". Ein Philosoph auf Wanderschaft ist er nicht geworden.

Nicht klagen schließt kämpfen freilich nicht aus. Bereits einen Tag nach der achtstündigen Operation im Ulmer Krankenhaus wollte er weg, raus aus der Intensivstation, die ihm beengter erschien als der Knast. Er hat sich nur halten lassen, weil Eva seinen Necker mitgebracht hat, den er im Genick kraulen konnte. Der Hund musste immer da sein. Wenigstens Necker, nachdem Fanny gestorben war. Sie hat den Verlust der Herde nicht verwunden. Sie sei nur noch hinter ihm hergetrottet, mit hängenden Ohren, habe alle Medikamente verweigert, und sei immer weniger geworden, erzählt Walker über den Feger, der einst 300

Schafe zusammengehalten hat. Was ihr Tod in ihm ausgelöst hat, vermag er nicht auszudrücken. Er zeigt nur auf Necker, der unter der Treppe liegt, und alles beobachtet, was in der Wohnstube passiert. „I hab ja no den“, sagt der todkranke Mann, und strahlt dabei eine Gewissheit aus, als ginge er zusammen mit dem Zottelfell in Rente. Das hänge mit seiner Rangliste zusammen, erläutert Eva. Zuerst die Schafe, dann der Hund, dann die Frau. Die 58-Jährige ist ein Wonneproppen, der sich nicht unterkriegen lässt.

Sie kennt ihren Heinz. Seit zwölf Jahren lebt die Krankenschwester mit ihm und seinen Schafen zusammen. Sie war dabei, als ihn die Bauern in Berghülen vertrieben haben, weil die Veterinäre behaupten, die Wanderschäfer brächten alles Übel über sie. Für die Landwirte war klar, dass er die Maul- und Klauenseuche eingeschleppt hat, und deshalb musste er weg. (Dass es am Ende verseuchte Futtermittel in ihren Ställen waren, tat nichts zur Sache). Nachts trieben sie seine Schafe aus dem Pferch, nur um anderntags behaupten zu können, die Tiere fräßen ihre Äcker ab. Mit einer Unterschriftenliste rückten sie beim Bürgermeister an, um ihn zur Kündigung des Pachtvertrages zu drängen. Der Schultes parierte und forderte den Schäfer schriftlich auf, bis zum 30. September 2003 die Gemeinde zu verlassen. Man könne seine Übertretungen nicht länger hinnehmen, schrieb der gute Mann, diese Konsequenz habe allein er, Heinz Walker, zu verantworten. Des Beschuldigten Bitten um einen Gesprächstermin wurden schon im Vorzimmer abgewiesen.

Der Gedemütigte spürte, dass das Ende nahte. Die ersten Schluckbeschwerden stellten sich ein, besonders dann, wenn die Bauern wieder ihre Pestizide versprühten. (Etliche von ihnen hat er in der Ulmer Onkologie wieder getroffen, worauf Krankenschwester Eva die Ärzte zu einer Studie über Pestizide und

Krebs bewegen wollte. Allerdings vergeblich.) Aber Walker verdrängte die Schmerzen, weil sie ihm fremd waren. Er war in seinem Leben nie krank. Viel schlimmer für ihn war, dass sie ihm nicht nur den Boden für seine Tiere, sondern auch seine Ehre nehmen wollten. Ein Schäfer, der zum Störenfried gestempelt wird, ist kein Schäfer mehr. Den größten Teil seiner 55 Jahre, in denen er für die „Viecher“ da war, hatte er als gern gesehener Gast gegolten. Dem alten Schlecker, der in Ehingen mit einem Lebensmittelladen angefangen hat, lieferte er die Hammel per Handschlag, und wurde mit einem Päckchen Reval, zwei Flaschen Bier und einem Vesper beschenkt. Bei seinem Sohn Anton, dem Großdrogisten, würde er nicht mal bis zum Gartentor der Villa vordringen.
Am 26. März 2004 hat Walker seine Herde verkauft. In Dietenbronn an der Sägemühle. Übernehmen durfte sie ein Kollege aus Neuss, der vorher von Eva Riedmüller überprüft wurde. Schließlich sollten sie es gut haben, die vierbeinigen Kinder des Wanderschäfers von der Alb. Heute grasen sie auf einem Nato-Truppenübungsplatz am Niederrhein. Danach hat er zum ersten Mal in seinem Leben Urlaub gemacht. Auf eine ganz besondere Weise. Eva hat ihn ins Auto gesetzt und ist überall dorthin gefahren, wo er mit seinem Pferchkarren war. Stets hat Heinz seinen Hut aufgesetzt, seinen Mantel umgehängt, den Stock in die Hand und Necker bei Fuß genommen. So sind sie ins Elsaß, ins Saarland und nach Bayern gereist, 50.000 Kilometer in einem Jahr, und der alte Mann hat sich erinnert, wo er die Pferchkärren der Kollegen hat schnappen lassen, die ein lustiges Bauernmädchen über Nacht bei sich hatten. Das Schnappen lassen war ganz einfach, erforderte nur etwas Kraft. Man musste lediglich die Deichsel so weit anheben, bis das zweirädrige Liebesnest nach hinten kippte. Sie hätten sich immer die Bäuche vor lachen gehalten, wenn die Turteltauben mit hochroten

Köpfen oben aus dem kleinen Fenster gekraxelt seien, erzählt der Schelm.
Sein liebster Flecken ist das Randecker Maar. Es ist ein flacher Vulkankrater am Nordrand der Alb, in dem viele selten gewordene Pflanzen und Vögel zu Hause sind. Viel schöner geht es eigentlich nicht. Mit langen schleppenden Schritten, aber aufrecht und sehr würdevoll, streift er durch die Senke, zupft hier einen Espenklee ab, den seine Schafe so liebten, streicht dort über eine Silberdistel, die sie besser gemieden haben. Sein Ziel ist der Breitenstein, ein 810 Meter hoch gelegener Fels, wo man bis zum Stuttgarter Fernsehturm schauen kann. Unten im Tal leuchten die roten Dächer kleiner Dörfer herauf, die Kirchturmglocken läuten, und wenn er Glück hat, ziehen Laubsänger, Goldhähnchen, Kleiber und Gänse an ihm vorbei, für die der Krater am Albtrauf eine ideale Überflugschneise ist. Er sei kein frommer Mensch, sagt der Abschied nehmende Alte, aber dort zusammen mit Necker zu sitzen und die Sonne untergehen zu sehen, das habe der Herrgott schon gut hingekriegt. In diesem Augenblick denkt er oft an die gestorbenen Freunde, die irgendwo da oben hocken und darauf warten, dass er auch zum Schafe zählen kommt.

Die vergessenen Kinder von der 18er

Straßenkinder vermutet man in Rio oder Bukarest, aber nicht in Mannheim. Und doch gibt es dort 600. Die meisten leben in der Neckarstadt-West, die gemeinhin als sozialer Brennpunkt bezeichnet wird. Es ist mehr: ein vergessenes Viertel von Verlierern, in dem die Kinder keine Zukunft haben.

Ihr Zuhause ist ein trostloser Ort. Eine Rutsche, ein Klettergerüst, eine Schaukel, ein Zaun aus Eisen drum herum. Fertig. Es ist der Spielplatz an der Ackerstraße, aber so sagt hier niemand dazu. Es ist die 18er, weil sie in der Neckarstadt-West die Straßen einfach durchzählen. Im Osten wird mit sieben angefangen, im Westen mit 19 aufgehört. Dort im hintersten Winkel ist der Sperrbezirk, in dem Frauen halbnackt in Schaufenstern sitzen und ihre Körper anbieten. Die Prostituierten sind jung und schön und winken den Männern, die in die Auslagen starren, freundlich zu. Wer in diesem Stadtteil nach dem Bordell fragt, wird nicht in die Lupinenstraße geschickt, sondern in die 19er. Die Kinder und die Huren sind Nachbarn.

Die jungen Deutschen, Türken, Italiener, Griechen, Albaner, Kroaten, Russen haben sich daran gewöhnt. Wenn die Straßenbahnlinie 2 vorbeirattert, voll gestopft mit Männern, machen sie obszöne Gesten. Beim Vermitteln von Kontakten können sie behilflich sein. 18 Nationalitäten sind es, die sich hier zusammenfinden, Tag für Tag, Nacht für Nacht, vereint in Langeweile, Kleinkriminalität, Zukunftsdepression. Es sind Kinder und Jugendliche zwischen acht und 16 Jahren, die untereinander die gleiche Sprache sprechen. Die Kanaksprak, ein Gettodeutsch, das alle verstehen. „Voll die Fische“ ist der Idiot, „isch mach disch Krankenhaus“ heißt: jemanden zusammenschlagen. Die einen nennen sie Straßenkinder, die anderen reden von einer Klientel, die ihren „Lebensmittelpunkt“ auf der Straße hat. Das Jugendamt, das 600 dazu zählt, greift gerne zu dieser Formulierung.

Rafi ist 13, und so wie sein Name sind die Namen aller Kinder geändert. Das schmächtige Kerlchen qualmt eine Zigarette nach der anderen und kann nicht still sitzen. Die Mediziner würden ihn als hyperaktiv-antisoziales Kind einsortieren, das zu Impulsivität, motorischer Unruhe und oppositionellem Verhalten neigt. Rafi will „einkaufen“ gehen, wie er sagt. Dafür braucht er zehn Kumpels, die sich mit ihm in den Zweier setzen, schwarz versteht sich, und in die Innenstadt fahren. Der Drogeriemarkt Müller ist ihr Ziel.

Die Arbeitsteilung ist immer die gleiche: Die eine Hälfte lenkt das Personal ab, die andere stopft sich die Taschen voll. Vor Weihnachten ist vor allem Parfüm begehrt. Joop und Boss laufe besonders gut, verrät Rafi, der seine Abnehmer bestens kennt. Es sind die Frauen von der 19er, die pro Flasche 15 Euro zahlen. Man könne aber auch etwas anderes bei ihm bestellen, bietet der Junge an, zwei-, dreimal in der Woche würden sie „einkaufen“ gehen. Ein gutes Handy sei schon für 60 Euro zu haben.

Dass sie alle Hausverbot haben, ob bei Müller, im Kaufhof oder bei C&A, ändert daran nichts. Sie tragen ihre geklauten Ohrringe, Halsketten, MP3-Player mit einer Selbstverständlichkeit, als hätten sie sie gerade zum Geburtstag geschenkt bekommen. Und wenn sie mal erwischt werden, absolvieren sie eben das „normale Programm bei den Bullen“: Personalien, Fingerabdrücke, Nachricht an die Eltern, so weit auffindbar. Letzteres ist für Rafi noch am unangenehmsten, je nachdem, welchen Freund seine Mutter gerade hat. Der aktuelle, ein Spanier, kifft, kokst, säuft und schlägt. Zuletzt hat er ihm das Nasenbein zertrümmert, und seine Kippe hat er auf der Zunge der Mutter ausgedrückt. Beim nächsten Mal, kündigt Rafi an, werde er dem Stiefvater „aufs Maul hauen". Er sagt tatsächlich Stiefvater wie viele Kinder, weil er eine Idee von Familie hat, die Halt geben könnte, aber an der Wirklichkeit zerbricht.

Das Elend dieser Verhältnisse umschreiben die Behörden gerne mit dem Begriff Patchwork- oder Fortsetzungsfamilien. Das sind Flickenteppiche aus Eltern und Kindern, die aus mehreren Beziehungen gewebt sind. In der Neckarstadt-West sind es oft deutsche Frauen, die nach ihrer Scheidung mit wechselnden Migranten zusammenleben und weitere Kinder zur Welt bringen. „Wenn eines ihrer Kids am Haus hochschreit und Grüße vom Vater bestellt, muss die Mutter erst gucken, welcher gemeint ist", erzählt Bruno Dimitrakopoulos. Bei manchen sind es sechs. Der 43-jährige Grieche ist ein Mensch mit ungebrochenem Optimismus. Er ist hier geboren, direkt neben dem Puff, wo er die Frauen mit Coca-Cola versorgt hat. Der gelernte

Wer voll die Fische ist, ist ein Idiot, sagen die Straßenkinder.

Dreher hat den Verfall des Viertels, in dem 20.000 Menschen wohnen, miterlebt. Prostitution, Drogen, Gewalt. Sein Lieblingswort ist „unfassbar". „Meine Heimat", sagt er, „ist das Chaos." Aber gerade deshalb ist er wahrscheinlich Vorsitzender der Bürgerinitiative „Lebenswerte Mittelstraße", die Plakate durch die Straßen trägt, auf denen die Hurerei angeprangert wird.

Neckarstadt-West hat den höchsten Ausländeranteil in Mannheim (50 Prozent), die höchste Rate ausländischer Kinder (60 Prozent), die höchste Arbeitslosenquote (niedrig geschätzte 15 Prozent), und den kleinsten Anteil von Spielflächen (0,51 Quadratmeter pro Kind). Die Stadt weiß das. In ihrem Kinderbericht lässt sie die Betroffenen über Müll, Abfälle, Dreck, Abgase, Spritzen klagen und sich Natur, Sonne, Bäume und Blumen wünschen, und gelangt schließlich zu dem Ergebnis, dass eine befriedigendere Situation kaum zu erwarten sei. Andererseits eröffne die hohe Zahl des Nachwuchses „diverse Interaktionschancen".

Jene sind in der Mittelstraße, der Lebensader des Quartiers, am besten zu beobachten. Dort stehen die Jugendlichen vor Dönerbuden, Wettbüros und Telefonshops, die sich wie Perlen an einer Schnur aneinander reihen, und speien ihren Wodka-Red Bull in den Gully, wenn gerade keine Interaktion im Drogeriemarkt angesagt ist. Der Gang mit Kinderwagen könne so zum „Hindernislauf" werden, notiert das Jugendamt. Spießrutenlauf wäre korrekter gewesen, wenn man über das nachdenkt, was der Türke Necmi Saban berichtet. Vor seinem Elektroladen sind illegale Prostituierte auf- und ab gewandert, darunter eine besonders geschäftstüchtige, die ihre Preisliste („10 Euro mit schlucken") ins Futter des Mantels eingenäht und mit einem Handgriff öffentlich gemacht hat.

Irgendwann habe sich niemand mehr in sein Geschäft getraut,

berichtet Saban, bis auf ein paar Bulgaren. Als Bezahlung boten sie Frauen vom Strich an, wenn gewünscht auch deren Töchter. Geregelt werden könne das gleich, am besten hinten im Büro, ließen sie Saban wissen. Der 44-jährige Kaufmann ist darauf mit seiner Familie weggezogen, nach 35 Jahren in der Neckarstadt. Seinen Laden hält er noch, nachdem die Polizei mit Razzien für etwas Ruhe gesorgt hat.

In diesem Umfeld ist es schwer, das zu tun, was die Kinder eigentlich tun sollten: in die Schule gehen und lernen. Manche fehlen wochen-, manche monatelang. Und keiner weiß warum? Mohamed, der zwölfjährige Tunesier, ist so ein Fall. Ein kleiner trotzig-trauriger Junge, der sagt, er pfeife auf die Schule, weil sie ihn dort verprügelten. Lieber lasse er sich in ein Heim einweisen. Aber was sagen Mutter und Vater? Mohamed zuckt mit den Schultern. „Nichts sagen sie“, behauptet er. Später stellt sich heraus, dass seine Mutter für vier Wochen nach Marokko in Urlaub gefahren ist, und ihm seine sechsjährige Schwester zurückgelassen hat. Wer sollte auf sie aufpassen außer ihm? Er konnte sie doch nicht im Stich lassen.

Bärbel Mondl sind diese Biografien vertraut. Sie ist Sozialarbeiterin an der Humboldt-Schule, die 460 Hauptschüler beherbergt, davon zwei Drittel Ausländer. Auf den Klos, deren Brillen fehlen, sind Sprüche wie dieser zu lesen. „Jungs, seid mutig und stark, macht's ohne Gummi und spart eine Mark“. Sie kennt die Familien, in denen die Kinder häufige Partnerwechsel verkraften müssen. Wenn die Mütter solo sind, klammern sie sich an ihren Nachwuchs. Ist ein Lover im Haus, stören die Plagen, die sich dann fragen, ob es sich lohnt, eine Beziehung aufzubauen. Die 18er-Gang ist da oft langlebiger. Frau Mondls Arbeit ist deshalb wichtig. Sie muss das türkische Mädchen beruhigen, das Angst hat, schwanger zu sein und mit Selbstmord droht, und sie muss sich um den 15-jährigen Sascha kümmern, der nur aus dem Knast kommt, wenn sie ihn betreut. Und sie sitzt Kindern gegenüber, die sie selig anstrahlen, mit gläsernen Blick – „bekifft bis oben hin". Bärbel Mondl hat nur eine Halbtagsstelle. Vor einem halben Jahr sollte sie gestrichen werden. Als die Schüler protestiert haben, durfte sie bleiben.

Dem Streetworker Stefan Semel dürfte das gefallen. Der 44-Jährige ist ein Sozialarbeiter wie aus dem Bilderbuch. Zum Zopf gebundenes Haar, Selbstdreher, Parka, und erfahren in all den Dingen, die seine Klientel treibt. Er war mal Bürohengst (kurzzeitig), LKW-Fahrer und Aussteiger (längerfristig), bis er vor neun Jahren zur Freezone kam. Hier sagt er seinen Jugendlichen, sie sollen sich wehren, laut werden, sich in die Politik ihres Viertels einmischen. Zusammen mit Andrea Schulz, einer Sozialpädagogin mit großem Herz, leitet er die Freezone, in die alle kommen können, die kein Dach über dem Kopf haben. Auch die Älteren von der 18er sind hier zum Wäschewaschen, Duschen, Essen und Trinken, oder einfach zum Reden, wenn wieder einmal alles schief gelaufen ist. Semel kommt ihnen nicht moralisch, lockt sie nicht mit der Illusion auf Arbeit. Das macht weder satt noch Hoffnung auf eine Zukunft, die die meisten nicht haben. Er versucht ihnen nur Mut zu machen, zu erklären, dass sie das Wenige, was sie haben, pflegen und der Wirklichkeit anpassen müssen. Auch seine Kids waren unter den tausenden vor dem Mannheimer Hotel, wo Deutschlands Superstar gesucht wurde. Der Sprung von null auf hundert blieb allen verwehrt, die Freezone also notwendig. Nur für die Stadt nicht. Sie hat die Zuschüsse so weit gekürzt, dass die hoch gelobte Einrichtung jetzt ums Überleben kämpft.

Semel baut lieber auf den großen Sohn der Stadt, den Popkünstler Xavier Naidoo, der regelmäßig für soziale Zwecke spendet. Früher hat er das privat getan, bis ihn das Finanzamt drangsaliert hat. Jetzt gibt es den Verein Söhne Mannheims, über den alles ordentlich abgewickelt wird. Vorsitzender ist Semel, der sich über das Ergebnis der letzten Benefizveranstaltung mit Naidoo freut. Sind doch bei dem Konzert in der SAP-Arena immerhin 60.000 Euro für den Verein abgefallen, die nun als Startkapital für eine Kneipe genutzt werden können, in der es Schinkennudeln plus Getränk für vier Euro gibt. Und vielleicht schafft es dann doch einer, morgens pünktlich aufzustehen und hinter dem Tresen Kaffee auszuschenken. Semel weiß, dass es die kleinen Schritte sind, mit denen seine Schützlinge etwas Tritt fassen können.

Dimitrakopoulos, der Mann von der „Lebenswerten Mittelstraße", verzichtet auf öffentliche Gelder. Er hat die Kommune abgeschrieben, umgekehrt ist es wohl genauso. Sein Projekt heißt Freiraum und wird im Wesentlichen von Ernst Heinle finanziert, dem Chef eines Hausmeisterservices. Beide haben vor einem Jahr erlebt, wie die Kinder auf ihrem Weihnachtsmarkt um eine Wurst gebettelt haben. Nachts um eins. Seitdem gibt es die Wohnung in der Pestalozzistraße, sprich an der 9er, bei der die 18er anklopfen können. Dort reden sie über ihren Alltag, ihre Probleme zu Hause und wie sie das alles auf die Reihe kriegen wollen. Ein mal sind sie auch schon zusammen in den Europapark Rust gefahren, was ihnen sehr gefallen hat.

Isabelle ist die Tochter einer Deutschen und eines Türken. Die hübsche 15-Jährige zeigt sich wie viele Gleichaltrige. Enge Jeans, bauchfrei, lackierte Fingernägel, modischer Ohrschmuck. Vor Jahren hat ihr Vater einen vermeintlichen Nebenbuhler angeschossen und wurde danach abgeschoben. Sie und ihre Mutter mussten sich im Frauenhaus verstecken, weil sie die Rache der Familie zu fürchten hatten. Isabelle erzählt, dass auch sie nur „scheiße gebaut" habe. Klauen, kiffen, Schule schwänzen, das Übliche eben. Jetzt sei sie, dank Freiraum und Free-

zone, halbwegs stabil und wolle Friseurin oder Sozialarbeiterin werden. Die Jungs träumen vom Discjockey, Tänzer oder Fußballer.
Nur Juan, der 15-jährige Spanier, ist auffallend still. Er ist bei einem Einbruch in die Kneipe Drei Lilien erwischt worden. Ziellos sind sie in der Stadt herum gefahren, bis Ivan, der Chef der Gang, Durst verspürte. Bier und Cola wäre jetzt nicht schlecht, hat er gemeint, worauf er am Hintereingang geklingelt und sich als Postbote ausgegeben hat. Die Tür ging auf, und schon war er im Kühlraum, um sich zu bedienen. Doch plötzlich stand der Wirt im Flur, der 18 Jahre alte Ivan konnte flüchten, nur Juan blieb auf der Treppe sitzen, mit einem Schraubenschlüssel in der Jacke. Jetzt wartet er auf die Strafe seines Vaters, der ihm zuletzt die Faust ins Gesicht gerammt hat, als er seinen Suppenteller hat fallen lassen. Die Strafanzeige juckt ihn nicht.
Schlimmer ist, dass dieser Ivan wahrscheinlich derjenige war, der nach den Drei Lilien auch den Freiraum heimgesucht hat. Weggeschafft wurden Fernseher, DVD-Player, Laptop und die (leere) Spendenkuh. Dimitrakopoulos und Heinle haben daraufhin die geplante Weihnachtsfeier abgesagt. Ivan gehört zu den 18ern, und die 18er gehören zum Freiraum, und Freunde bestiehlt man nicht. „Es wäre mein erstes Weihnachten gewesen“, sagt Juan. Und das erste Mal, dass er etwas geschenkt bekommen hätte.

Bildnachweis

Der Dagobert Duck von Deutschland
Privatarchiv Walz (17, 19); Markus Leser (21)

Kekse auf der Streckbank
Gottfried Stoppel (29, 33)

Das verlorene Lebenswerk
Gottfried Stoppel (43); Josef-Otto Freudenreich (47)

Der Wallander von Böblingen
dpa (51); Andreas Weise/factum (53, 61); Heinz Heiss (67)

Der Diktator hinter blauem Glas
Bernd Weißbrod/dpa (73)

Der Böse ist immer der Gärtner
Josef-Otto Freudenreich (85)

Eingeschlossen in der Wagenburg
Matthias Hangst/AP Photo (95); Stefan Puchner/dpa (101, 107)

Die Hölle im Rosengarten
Josef-Otto Freudenreich (119)

Kafka und der Kosovo
Josef-Otto Freudenreich (125, 127); Heinz Heiss (129)

Die Belagerung von Böttingen
Axel Huber (139); Josef-Otto Freudenreich (141, 145)

Ein Königreich aus altfränkischem Filz
Dieter Baumann (151, 159)

Abschied von der Alb
Gottfried Stoppel (173), Andreas Weise/factum (177)

Die vergessenen Kinder von der 18er
Gottfried Stoppel (187)